KB045304

하멜표류기

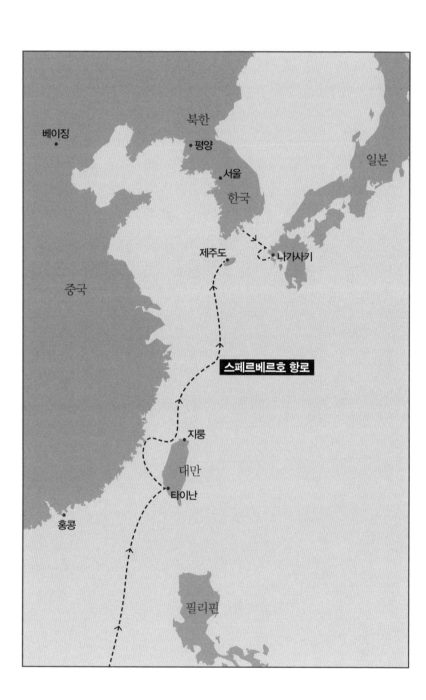

베이징

북한

평양

서울

한국

일본

제주도

나가사키

중국

스페르베르호 항로

지룽

대만

타이난

홍콩

필리핀

하멜표류기

조선과 유럽의 운명적 만남, 난선제주도난파기

헨드릭 하멜 지음 | 신동운 옮김

스타북스

태풍으로 조선에 표착한 하멜과
그 일행의 억류생활을 기록하다

『하멜표류기』는 '난선제주도난파기'라고도 한다. 조선에 관한 서양인 최초의 저술로서 당시 동양에 관한 호기심과 함께 유럽인의 이목을 끌었다.

1653년(효종4년) 네덜란드의 무역선 스페르베르(Sperwer)호가 심한 풍랑으로 난파되어 선원 64명 중 36명이 중상을 입은 채 제주도의 연변에 상륙했다.

그들은 체포되어 13년 28일 동안 억류되었다가 8명이 탈출해 귀국했는데, 하멜이 그 일행과 함께 한국에서 억류 생활을 하는 동안 보고 듣고 느낀 사실을 기록한 책이다.

저자인 하멜은 예리하고 세밀한 관찰을 통해 조선의 실상을 비교적 정확하고 충실하게 기록했다. 그러나 어떤 내용은 잘못 인식되어 전혀 달리 전달된 사례도 있다.

1653년 1월 10일 네덜란드를 떠난 포겔 스트루이스(Vogel Struuijs) 호는 6월 1일 자바섬의 바타비아(Batavia)에 도착했다. 선원들은 그곳에서 며칠 동안 휴식을 취한 다음 네덜란드 동인도 회사의 총독 명령에 따라 스페르베르호로 갈아타고 대만으로 출발하여 6월 14일 도착했다.

이들의 주요 임무는 대만의 신임 총독으로 부임하는 네덜란드인 레세르(C. Lesser)를 임지로 데려다주는 일이었다. 임무가 끝나자 다시 대만에서 일본으로 가라는 명령을 받고, 7월 30일 나가사키를 향해 출항했다. 그러나 바람이 심해 8월 11일까지도 스페르베르호는 대만 해협을 빠져 나오지 못하다가 풍랑에 휩쓸리게 되었다.

8월 15일 풍랑은 더욱 심해 선미(船尾)의 관망대가 떨어져 나갔고, 탈출용 작은 배도 잃어버렸다. 배 안에 물이 스며들어 어찌할 수 없게 되자, 선원들은 짐과 돛대마저 버리지 않을 수 없게 되었다. 이 때 한 선원이 육지가 보인다고 외쳤는데 그 곳이 바로 제주도 남해안이었다.

정박을 시도했으나 거센 풍랑으로 뜻을 이루지 못하고 있는데 거대한 파도가 다시 선창으로 밀려들어 스페르베르호는 그만 난파되고 말았다. 64명의 선원 가운데 28명은 익사하고, 육지에 오른 생존자 36명은 제주도에서 10개월 동안 감금되었으며, 다음 해인 1654년 5월에 서울로 압송되어 훈련도감의 군인으로 배속되어 2년 동안 억류 생활을 하였다. 그러다 청나라에서 사신이 오자 그들을 통해 탈출을 시도하였다가 발각되어 전라도 강진으로 유배되었다. 7년이 지나자 그동안 14명이 죽었다. 1663년 생존자 22명은 강진에 흉년이 들자 전라도 지방 여러 곳으로 분산 수용되었다.

하멜이 억류 생활을 한 곳은 전라도 여수 좌수영이었다. 다행히 작은 배 한척을 마련해 먹을 것을 구하느라 부근의 섬들을 내왕하면서 조수·풍향 등을 잘 알게 되었다. 탈출 직전까지의 억류 생존자수는 모두 16명이었다.

전라도 여수로 이송된 하멜은 탈출하면서 비밀이 탄로 날까 두려워 전원이 탈출하지 못하고 1666년(현종7년) 9월 4일 야음을 틈타 동료 7명과 함께 해변에 있는 배를 타고 일본으로 탈출하는데 성공하였다. 일본 나가사키로 탈출한 하멜 일행은 1668년 7월에 네덜란드로 무사히 귀국하게 되었다.

탈출에 가담하지 않았던 나머지 8명도 2년 후 조선 정부의 인도적인 배려로 석방, 네덜란드로 돌아갔다.

책에는 이들의 귀환 사실을 쓰지 않았다. 따라서 조선에서 끝내 죽은 줄로 알고 있었던 것으로 보인다. 책은 1668년 암스테르담에서 3개 출판사에 의해 동시에 출간되었다. 이때 하멜은 13년 이상의 밀린 봉급을 동인도회사에 요구하느라 미처 고국에 돌아오기 전의 일이었다.

『하멜표류기』 정본(正本)은 1920년 회팅크(B. Hoetink)에 의해 발간되었다. 정본의 내용 구성을 보면, 제1부는 난파와 표류에 관한 기술, 제2부는 「조선국에 관한 기술」로 되어 있다. 제2부는 한국의 지리·풍토·산물·정치·군사·풍속·종교·교육·교역 등을 소개하고 있다.

책의 저자가 13년 28일 동안 군역·감금·태형·유형·구걸 등의 모진 풍상을 겪으면서 여러 계층의 사람들과 접촉을 하였고, 남북의 여러 지역을 끌려 다니면서 당시 풍물과 풍속에 대한 사정을 관찰할 수 있었기 때문에, 조선에 대한 깊은 인상과 풍부한 경험을 잘 살려 기록할 수 있었으리라 생각된다.

따라서 당시에는 한국에 대한 이해가 그다지 깊지 않았던 서양 사회에 한국을 알리는 최초의 저서로서 사료적 가치가 매우 높다고 할 수 있다. 책은 프랑스·영국·독일 등 서양의 많은 나라들이 다투어 번역하여 간행했고, 우리나라에서도 1934년 『진단학보』 1~3호에 이병도(李丙燾)가 영역본·불역본을 원본으로 번역해서 실었다.

그 뒤 『하멜표류기』가 일조각(一潮閣)에서 1954년에 간행되었고, 일본에서는 1961년 이쿠타(生田滋)가 『조선유수기(朝鮮幽囚記)』라는 제목으로 번역해 간행됐다.

『하멜표류기』는 조선의 존재를 유럽인에게 뚜렷하게 알렸을 뿐 아니라, 서양인으로서는 당시 한국의 사회실정과 풍속·생활 등을 파악하는데 귀중한 사료가 되었다.

 차례

조선국에 관한 기술

하멜 일지

하멜표류기

건명(件名)

스페르베르호의 생존 선원들이 코레 왕국[01]의 지배하에 있던 켈파르트 섬[02]에서 1653년 8월 16일에 난파당한 뒤, 1666년 9월 14일, 그 중의 8명이 일본의 나가사키로 탈출하기까지 조선에서 겪었던 일 및 조선 국민의 습관과 국토의 상황에 대해서.

네덜란드령(領) 인도 총독, 요한 마자이케르 각하 및
평의원 제위(諸位) 귀하

---

01 코레(Coree) 왕국 : 조선 왕국. Korea의 다른 표기.
02 켈파르트 섬 : 제주도를 말함. 포르투갈의 선박 이름인데 1632년 일본 나가사키로 항해하는 중 처음으로 제주도를 발견하여 붙인 이름인 듯.

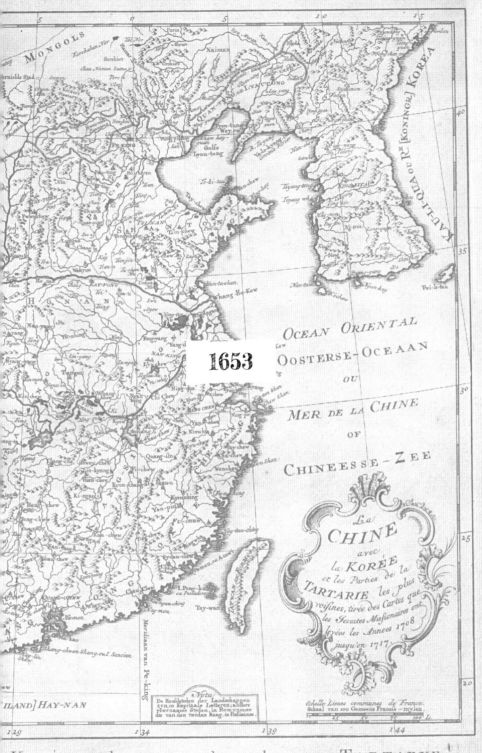

1653

OCEAN ORIENTAL
ou
OOSTERSE-OCEAAN
ou
MER DE LA CHINE
of
CHINEESSE-ZEE

La
CHINE
avec
la KORÉE
et les Parties de la
TARTARIE les plus
voisines, tirée des Cartes que
les Jesuites Missionaires ont
levées les Années 1708
jusqu'en 1717.

Echelle Lieues communes de France.
Schaal van 100 Gemeene Fransche mylen.

KORÉA, en de aangrenzende Deelen van TARTARYE,
endelingen, Jezuiten, van den Jaare 1708 tot den Jaare 1717.

하멜표류기

저희들은 1653년 1월 10일 저녁, 순풍을 타고 텍셀03의 정박지를 출발하여 여러 차례의 역풍과 폭우를 겪으면서도 6월 1일 바타비아04에 도착했습니다.

여기서 수일간 휴식을 취한 뒤, 우리들은 총독 각하 및 동인도 평의원들로부터 포르모사05의 타이요완06으로, 당지에 주재중인 니콜라스 펠브르흐 장관과 교대하실 신임 코르넬리스 카세르 씨와 그 가족을 모시고 가라는 명령을 받아, 1653년 6월 18일 스페르베르호로 바타비아를 떠났습니다. 저희들은 순조로운 항해 끝

03 텍셀 : 발트 해에 접한 네덜란드 외각을 형성하는 섬의 하나로 외항선의 기지임.

04 바타비아(Batavia) : 인도네시아의 수도 자카르타의 네덜란드 통치시대의 명칭.

05 포르모사(Formosa) : 지금의 타이완(台灣). 16세기 일본 무역에 종사하던 포르투갈인들이 '아름다운 섬'이란 뜻으로 붙인 이름.

06 타이요완 : 지금의 타이완 부근의 안핑(安平). 1624년 네덜란드의 동인도회사가 점령하여 대만 경영의 근거지가 되었음.

에 7월 16일 무사히 타이요완에 도착했습니다. 장관 각하는 당지에 내리시고 또 저희들은 짐을 풀었습니다. 또한 저희들은 장관 각하 및 평의원 여러 사람들로부터 다시 일본으로 가라는 명령을 받고 적하(積荷)를 새로 하고, 각하에게 인사한 뒤 같은 달 30일 앞의 타이요완 항을 출발, 신의 이름으로 빨리 항해가 끝나기를 빌며 항해를 재촉했습니다.

7월 31일은 일기가 좋았지만 저녁부터 타이요완 쪽으로부터 심한 폭풍우가 불기 시작했습니다.

밤이 깊어 갈수록 바람은 심해만 갔습니다.

8월 1일

먼동 속에 저희들은 우리 배가 어떤 작은 섬 가까이에 있음을 알았습니다. 저희들은 그 섬 구석진 곳에 배의 닻을 내려 비바람과 미친 듯이 출렁이는 파도를 조금이라도 피해 보려 했습니다. 그러나 커다란 모험 끝에 그 섬에 도착하여 배의 닻을 내리기는 했지만, 바로 뒤에는 커다란 암초가 있고 파도가 사나웠기 때문에 마음 놓고 닻줄을 풀 수는 없었습니다. 선장이 배의 앞 갑판의 전망대에 있는 창문으로 이 작은 섬(암초)을 우연히 발견하지 못했던 저희들은 거기서 난파당하여 비와 암흑 속에 배를 잃을 뻔했습니다. 그 암초는 머스킷 총의 사정거리밖에 안 되었기 때문입니다. 날이 밝자 저희들은 저희가 중국 해안 근방에 있다는 것을 알았습

http://www.hendrick-hamel.henny-savenije.pe.kr

니다. 그리고 중국인들이 완전무장을 한 채 대오를 따라 해안을 행진하고 있는 것이 보였습니다.

그들은 마치 우리가 난파당하는 것을 기다리기나 한 것같이 보였습니다. 그러나 전능하신 하느님의 도움으로 그런 일은 일어나지 않았습니다. 그 날은 바람이 자기는커녕 더욱 사나웠기 때문에 저희들은 배의 닻을 내린 채로 온 밤을 새웠습니다.

8월 2일

아침이 되자 바람은 완전히 멎었습니다. 중국인들은 여전히 시위를 계속했고, 마치 저희가 생포된 이리나 되는 것처럼 저희들을 감시했습니다. 적어도 저희들은 그렇게 느꼈습니다.

그래서 저희들은 닻을 올리고 해안을 떠나기로 했습니다.

그 날의 바다는 종일토록 고요하기만 했습니다.

8월 15일

바람이 강하게 불기 때문에 상갑판에서는 말을 해도 들리지 않았고, 또 돛을 거의 올리지도 못하게 되었습니다. 물은 자꾸만 새어 들어와 모든 펌프를 총동원해야만 했습니다.

배는 때로 심한 풍랑 속에 휩쓸렸는데 그때마다 이제는 배가 침몰되는구나 하는 생각밖에 나지 않았습니다. 저녁이 되자 배의 뒤 갑판의 일부와 뱃머리의 전망대가 파도에 떨어져 나갔고, 또 제

l돛대가 건들거리기 시작했고, 그 때문에 배의 뒤 갑판이 떨어져 나가 위기에 부딪쳤습니다. 배의 뒷부분 쪽을 조금이라도 더 고정시키려고 온갖 노력을 다해 보았습니다만 배의 심한 동요와 큰 파도가 전후좌우로부터 계속 덮쳐왔기 때문에 끝내 실패하고 말았습니다. 저희들은 어떻게든 파도를 피해 보려고 했습니다만 어찌할 도리가 없었습니다.

결국 저희들은 선원들과 배 그리고 회사의 상품을 하나라도 더 살리기 위해서는, 앞 돛대의 돛을 좀 올림으로써 심한 파도를 조금이라도 더 피할 수 있다는 것을 깨달았습니다. 저희들은 그것이 최상의 방법이라고 생각했는데 앞 돛대의 돛을 올리려는 순간 배의 앞 갑판 쪽으로 파도가 덮쳐와 이 작업을 하던 선원들은 자칫 파도에 휩쓸려 떨어질 뻔했습니다. 배도 온통 물바다가 되어 선장은 소리쳤습니다.

"다들 들어라. 마스트를 끊어 버리고 하느님께 기도하라. 다시 이런 파도가 한두 번 더 덮쳐오면 우리들은 물귀신이 된다. 이제는 별도리가 없다!"

시계가 1시를 가리킬 무렵 파수꾼이 고함을 질렀습니다.

"육지다! 육지가 머스킷 총 사정거리에 있다."

그는 어둠과 폭풍우 때문에 그때까지 그것을 발견하지 못했던 것입니다. 저희들은 곧 닻을 내렸습니다만 바다가 깊고, 파도는 심하고, 또 바람은 강해, 제대로 닻을 내리지 못했습니다. 때문에

배는 그 자리에서 암초에 좌초당하고 나서도 순식간에 세 번씩이나 충돌하는 바람에 완전히 부서졌습니다. 갑판 밑의 침대에 누워 있던 사람들은 미처 갑판으로 올라올 사이도 없이 죽었고, 갑판 위에 있던 사람들은 여기저기서 물속에 뛰어들거나 파도에 떨어져 나갔습니다.

저와 같이 육지로 기어오른 사람은 15명이었는데, 거의 모두가 알몸이었고 심하게 부상을 입었기 때문에 이제 더 살아남은 사람은 없을 것이라고들 생각했습니다. 그런데 바위 위에 올라 앉아 있다 보니, 아직도 난파선 속에 남아 있는 사람들의 비명이 들려왔습니다. 그러나 어둠 때문에 한 사람도 알아내지도 못했고 구해내지도 못했습니다.

8월 16일

새벽, 동이 트자 조금이라도 걸을 수 있는 사람들은 해안을 따라 걸으며 누군가 상륙한 사람이 없는지 찾기도 하고 소리를 지르기도 했습니다. 곧이어 여기저기서 사람이 나타났는데 모두 36명이 되었습니다. 대부분은 앞서도 말한 바와 같이 아주 심하게 부상을 입고 있었습니다. 난파선 안을 조사해 보았더니 어떤 사람은 두 개의 큰 나무통 사이에 끼어 있었습니다. 우리들은 아끼던 배가 1천 개가 넘는 나무 조각으로 흩어지고, 64명이던 승무원이 불과 15분 사이에 36명밖에 안 남았다는 것을 알게 되자, 서로 얼굴만 쳐다보며 비통에 잠겼습니다. 저희들은 곧 육지에 떠오른 죽은 시체들을 찾아 헤맸는데, 암스테르담 출신의 레이닐 에흐베르츠 선장이 열 칸이나 열두 칸 되는 곳에 팔베개를 한 채 죽어 있는 것을 발견했습니다. 저희들은 곧 그를 매장했습니다. 그 밖에도 5, 6명의 시체가 여기저기 누워 있었습니다. 또 저희들은 2, 3일 동안 심한 폭풍우 때문에 제대로 취사도 못하고 먹지도 못했기 때문에 먹을 것이 다소나마 육지에 떠올라온 것이 없을까 하고 찾아봤지만 한 묶음의 고기와 나무통에 들어 있는 소량의 고기, 약간의 베이컨, 그리고 틴타주[07]를 발견했을 뿐이었습니다. 틴타주는 부상자들에게 참 고마운 물건이었습니다. 저희들은 그때 불이 상당히 필요했지만 사람 그림자가 전혀 안 보여 여기가 무인도가 아닌가 하고 생각하기도 했습니다.

정오쯤에 비가 그치기 시작하자 있는 힘을 다해서 돛을 가지고 천막을 친 다음 비를 피할 수 있도록 했습니다.

8월 17일

모두가 시름에 잠겨 있을 때 멀리서 사람 그림자가 보였습니다. 우리는 그들이 일본인이기를 기대했습니다. 만일 그들이 일본인이기만 한다면 저희들은 다시 동포들 곁으로 갈 수 있지만, 그렇

---

07 틴타주 : 스페인에서 생산되는 붉은 포도주의 하나.

지 않다면 보트도 이미 산산조각이 난 마당에 살아날 가망이란 거의 없어지며, 앞길이 캄캄해지기 때문입니다.

정오가 조금 못되어 어떤 남자 한 사람이 천막에서 카농 포(砲)[08]의 사정거리 정도의 곳에까지 왔기 때문에 우리는 몸짓을 해 보았지만 그는 저희들을 보자마자 마구 도망쳤습니다. 정오가 좀 지나서 세 사람의 남자가 천막에서 머스킷 총 사정거리 정도 되는 곳까지 왔습니다. 한 사람은 화승총, 그리고 다른 두 사람은 활을 가지고 있었습니다. 저희들은 그들로부터 불을 얻으려고 온갖 노력을 다해 보았지만 그들은 저희들이 아무리 손짓을 해도 오려고 하지 않았습니다. 드디어 동료 중의 한 사람이 용기를 내어 그들에게 찾아가서 총을 들이댄 다음 겨우 불을 얻었습니다. 저희들은 그토록 불이 그리웠던 것입니다. 그들은 중국식 복장을 하고 있었지만 말총으로 짠 모자를 쓰고 있었기 때문에 꼭 해적이나 본토에서 추방된 중국인처럼 생각되어 모두가 겁을 먹고 있었습니다. 저녁이 되자 1백 명 가량의 무장한 사람들이 천막 근처에 모이기 시작했습니다. 그들은 앞에서 말한 바와 같은 복장을 하고 있었는데, 우리들의 수를 세더니 그날 밤은 천막 주위를 경비했습니다.

---

08 카농(Canon) 포(砲) : 길고 큰 포신(砲身)과 비교적 천천히 타는 화약을 사용하는 포. 주로 45도 이내의 사각(射角)으로 원거리 사격에 이용함. 가농포(加農砲).

8월 18일

저희들은 이른 새벽부터 대형 천막을 만들기 시작했습니다. 정
오경이 되자 1, 2천 명이나 되는 기병과 보병들이 저희들 근처에
와서는 천막을 포위했습니다. 저희들 일동이 정열하고 있으니까
서기, 일등 항해사, 갑판장 그리고 급사 한 명을 천막에서 연행하
여 머스킷 총 사정거리 정도에 있는 그들의 지휘관한테로 데리고
갔습니다. 저희들은 각각 목에다 쇠사슬을 매달게 되었는데 그 쇠
사슬 끝에는 마치 네덜란드에서 양이 목에 다는 것과 같은 큰방울
이 매달렸습니다. 그리고서는 기어서 그 지휘관 앞에 가게 한 뒤
이마가 땅에 닿도록 엎드리게 했습니다. 그러자마자 무시무시하
게 요란한 병사들의 환성이 일어났습니다. 천막 안에 있던 동료들
은 '우리들도 사관(士官)처럼 될지 모른다.'고 수군거렸습니다. 얼
마 뒤에 그 지휘관은 저희들더러 꿇어앉으라고 했습니다. 그리고
몇 가지 질문을 했는데 저희들은 무슨 말인지 알 수 없었습니다.
저희들은 있는 재간을 다하여 일본의 나가사키에 가려고 한다고
손짓으로 설명하려고 했습니다만 헛수고였습니다. 그 이유는 서
로 말이 통하지 않는데다가 그는 야판[09]이란 말을 몰랐기 때문입
니다. 그들 사이에서 일본은 예나레[10]라든가 일폰이라고 불려집니

---

09 야판 : 일본 'Japan'을 독일어식으로 읽는 음.
10 예나레 : 원문은 Jeenare. 왜(倭)나라를 표기한 듯.

다. 그리고 나서 그 사령관은 저희들 한 사람 한 사람에게 술을 한 잔씩 주게 하고는 천막으로 돌아가게 했습니다. 동시에 병사들은 우리들이 식량을 가지고 있는지 없는지를 알아보기 위해 왔지만 앞에서 말씀드린 대로 고기와 베이컨밖에 없었기 때문에 그들은 이 사실을 사령관에게 보고했습니다. 한 시간쯤 뒤에 그들은 우리들 한 사람에게 쌀로 만든 죽을 가지고 왔습니다. 그들은 저희들이 아주 굶주렸기 때문에 많이 먹이면 오히려 탈이 날 것이라고 생각했던 것 같습니다.

오후가 되어 그들은 여럿이서 밧줄을 하나씩 가지고 와 그들이 저희를 목매어 죽이려는 것이 아닐까 하고 겁을 먹었습니다. 그러나 그들은 떠들썩하게 떠들면서 난파선 쪽으로 걸어갔습니다. 배가 난파되고 난 다음에 떠돌아다니는 표류물을 주우려는 것이었습니다. 저녁이 되자 그들은 저희들 한 사람 한 사람에게 쌀밥을 조금씩 주었습니다. 정오에는 일등 항해사가 위도를 측정하여 이 켈파르트 섬이 33도 32분이 된다는 것을 알았습니다.

8월 19일

그들은 계속 표류물들을 육지로 운반해서는 볕에 말리고 못이 박힌 나무 조각들은 태웠습니다. 사관들은 그 섬에 주재해 있는 사령관과 제독을 방문하여 각각 망원경을 증정하고 한 통의 틴타 주와 그것을 따를 술잔을 가지고 갔습니다. 그들은 술맛을 보자 아주 맛이 좋다는 것을 알고는 아주 많이 마셨기 때문에 대단히 기분이 좋아져서 저희 동료들을 천막에 바래다주기까지 했습니다. 그들은 아주 친숙해진 듯한 눈치를 보였기 때문에 저희들은 그들에게 그 술잔을 선물로 주었습니다.

8월 20일

그들이 철제품을 뽑아내기 위해 난파선의 나무 조각들을 불태우고 있을 때, 불타고 있는 난파선 안에 있던 대포알이 들어 있는 두 개의 대포가 폭발했습니다. 그들은 신분이 높은 사람이나 낮은 사람이나 모두 도망쳤다가 오더니 또 터질 것이 있냐고 손짓으로 물어 보았습니다. 이제 더는 폭발이 없을 것이라고 말했더니 그들은 다시 일을 시작했습니다. 그들은 저희들에게 하루에 두 번 약간의 음식을 갖다 주었습니다.

8월 21일

아침, 사령관은 저희들 중 몇 사람을 불러서는 천막 속에 있는 저희들 물건을 그 앞으로 갖다 놓더니 봉인하도록 명령했습니다. 저희들이 그대로 하니까 짐은 당장에 봉인되었습니다. 그리고 저희들이 거기에 앉아 있노라니까 산더미 같은 저희들 물건 중에서 사슴 가죽이라든가 철물(鐵物), 그 밖에 몇몇 가지를 훔쳐간 도둑놈이 몇 사람 그 사령관 앞에 끌려왔습니다. 그들은 모두 뒷짐으로 포박당하고, 저희들이 보는 앞에서 처벌되었는데 이것은 앞으로는 절대로 물건을 훔치는 일이 없도록 하겠다는 뜻을 보이려 함이었습니다. 그들은 이들 도둑의 발바닥을 길이가 여섯 자, 굵기가 보통 젊은이의 팔뚝만큼이나 굵은 몽둥이로 때렸습니다. 그중의 어떤 사람은 30~40번이나 맞더니 발가락이 떨어져 나갔습니다.

정오가 되니까 저희들보고 출발하라고 했습니다. 말을 탈 수 있는 사람은 말을 타고, 부상으로 말을 탈 수 없는 사람은 사령관의 명령으로 해먹에 태워 주었습니다. 오후가 되자 저희들은 기병과 보병들에 의해 친절하게 호위되어 그곳을 떠나, 저녁에 대정(大靜)[11]이란 소읍에 숙박하게 되었습니다. 식사 뒤에 저희들은 어떤 건물에 수용되어 하룻밤을 묵게 되었는데, 그곳은 여관이라든가 숙박소라기보다는 마구간이라 할 정도의 것이었습니다. 저희들은 그 날 약 4마일을 여행했습니다.

8월 22일

저희들은 이른 새벽, 동이 트자마자 다시 말을 타고 여행을 계

---

11 대정 : 제주도 남제주군 서부에 있는 읍. 수산물·농산물의 집산지이며 고구마와 유채(油菜)의 특산지인데 당시에는 현(縣)이었음.

속하여 어떤 성채 앞에서 식사를 했습니다. 이것은 아침 식사였습니다. 거기에는 두 척의 전투용 정크 선[12]이 정박하고 있었습니다.

정오에 목간이라는 마을에 도착했는데, 이곳은 목사(牧使)[13]라는 이 섬의 총독이 사는 고을이었습니다. 저희들은 거기에 도착하자 관청의 정면 광장 앞에 집합되어 미음 한 그릇씩을 마시게 되었습니다. 저희들은 이것이 이 세상 마지막 음식으로서 곧 다 같이 죽을 것임이 틀림없다고들 생각했습니다. 저희들 눈에 보이는 총이랑 대포 그리고 가지각색의 옷차림들은 무섭게만 보였습니다. 거기에는 약 3천 명의 무장 군인이 있었습니다만 그들이 입고 있는 복장은 우리들 네덜란드 사람이나 중국이나 일본에서는 보지도 듣지도 못하던 것들뿐이었습니다. 곧이어 서기(하멜 자신)가 전에 같이 끌려 나가 본 적이 있는 세 사람과 함께 앞에서 말한 바와 같은 식으로 총독 앞에 끌려 나가 꿇어앉혀졌습니다. 얼마 뒤에 총독은 관청 건물의 커다란 대청마루에 올라서더니 저희들보고 가까이 오라고 호령했습니다. 거기에는 그가 왕처럼 앉아 있었습니다. 저희들이 그의 옆에 앉으니까 그는 저희들에게 어디서 왔으며 어디로 가는 길이냐고 손짓으로 물어 보았습니다. 저희들은 앞에서 한 대로 손짓발짓하여 일본의 나가사키로 가는 길이었다고 설

---

12 정크(junk) 선 : 중국 사람이 연해(沿海)나 하천에서 승객과 화물을 운반하는 특수하게 생긴 배.

13 목사(牧使) : 당시 제주 목사는 이원진(李元鎭)이었음.

명했습니다. 그 말을 듣자 고개를 끄덕였으므로 분명히 무엇인가 이해한 것 같았습니다. 걸을 수 있는 사람은 이런 식으로 네 명씩 나가 차례차례 신문을 받았습니다. 전원이 신문을 받고 저희들은 온갖 손짓을 하여 대답했지만 앞에서도 말한 바와 같이 서로 상대편이 하는 말을 이해하지 못하고 있었습니다. 총독은 저희들을 다른 건물로 데려가도록 했습니다. 그곳은 국왕의 작은아버지가 국왕을 국외로 추방하려다가 종신 유형을 받아 일생을 마친[14] 건물이었습니다. 총독은 건물 주위를 엄중히 경계시키고, 식량으로는 저희들에게 매일 일인당 4분의 3폰드[15]의 쌀과 같은 분량의 밀가루를 지급해 주었습니다. 그러나 부식물은 거의 없고, 그나마 먹을 수 있는 것이 못되었기 때문에 부식 대신으로 소금과 일정량의 물을 가지고 때울 수밖에 없었습니다.

이 총독은 사리를 잘 판단할 수 있는 사람 같았으며, 나중에 안 일이지만 연령은 70 전후의 서울 출신으로서 조정에서도 상당히 존경받던 분이라 합니다. 그는 저희들에게 이렇게 설명해 주었습니다.

"국왕에게 편지를 보내어 내가 취할 바를 문의중이다."

---

14 이 내용은 광해군(光海君) 15년(1623)에 김유·이괄 등이 주도하여 능양군(인조)을 왕위에 세운 인조반정(仁祖反正)으로 광해군이 제주도로 유배되어 그곳에서 죽은 일을 말하는 듯한데, 인조는 광해군의 조카임.

15 폰드 : 암스테르담 폰드로 1폰드는 494그램에 해당됨.

서울까지는 바다로 12, 13마일, 다시 육지로 70마일 가량 가야 하기 때문에 국왕의 답서는 좀체 빨리 오지 않았습니다. 그래서 저희들은 총독에게 국왕의 편지를 기다리는 동안 쌀과 소금만으로는 살 수 없기 때문에 때로는 약간의 고기와 다른 부식을 주었으면 좋겠다는 것과 기분을 조금 풀기도 하고, 몇 가지 안 되는 옷을 빨기 위해서라도 매일 여섯 명씩 교대로 외출하게 해 달라고 부탁했습니다. 그는 그것을 허락하고, 저희들에게 부식물과 필요한 물건들을 지급하라고 명령을 내렸습니다. 그는 또한 때때로 저희들을 불러 저희들 말과 그들의 말로 서로 질문을 주고받기도 하고 그 말을 적어 두기도 했습니다.

그 결과 서툴지만 어느 정도는 서로 말을 주고받고 하는 정도가 되었습니다. 그는 또 때때로 잔치를 열고 그 밖에 오락거리를 주어 저희들의 시름을 달래려고도 했습니다. 그는 매일같이 이렇게 말하며 저희들의 기운을 돋워 주기도 했습니다.

"국왕으로부터의 회답이 오면, 즉시 여러분을 일본으로 보낼 것이다."

그는 또 부상자를 치료하게 해 주었습니다.

이렇게 하여 저희들은 이교도로부터 그리스도교도도 뺨칠 정도의 후한 대접을 받았습니다.

10월 29일

오후, 나와 일등 항해사 그리고 하급 선의(船醫)가 총독에게 불려갔습니다. 그에게 가니 거기에는 길고 빨간 수염을 한 남자 한 사람이 앉아 있었습니다. 총독이 저희들에게 물었습니다.

"이 사람이 누군지 알겠는가?"

"저희들과 같은 네덜란드 사람 아닙니까?"

그러자 총독이 웃으면서 말했습니다.

"이 사람은 조선 사람이다."

그러고는 몸짓과 말로써 설명해 주었습니다. 총독과 저희들 사이에 여러 가지 말을 주고받고 하던 끝에 그때까지 침묵을 지키고 있던 그 사나이가 아주 서투른 네덜란드 말로 물어 보았습니다.

"여러분은 어느 나라 사람이며, 어디서 왔습니까?"

저희들은 대답했습니다.

"암스테르담 출신의 네덜란드인입니다."

그는 또 물었습니다.

"여러분은 어디서 왔으며, 어디로 가는 길입니까?"

"타이요완에서 왔으며, 일본으로 가려고 했지만 전능하신 하나님의 뜻에 의하여 닷새 동안의 폭풍우를 겪은 끝에 이 섬에 난파되어, 지금은 하느님의 은총으로 구출되는 것만 바라고 있는 참입니다."라고 저희가 대답했습니다. 또 저희가 그의 이름이 무엇이며, 어느 나라 사람이며, 어떻게 왔는가를 물었더니 그는 이렇게 대답했습니다.

"나는 레이프(Rijp) 출신의 얀 얀세 벨테브레[16]라는 사람으로서 1626년 홀란디아호를 타고 고국을 떠나, 1627년 오웰케르크호를 타고 일본에 가던 중 역풍을 만나 조선의 해안에 표착되어 음료수를 구하기 위해 보트를 타고 육지로 왔다가 주민들에 의해 나를 포함해서 세 사람이 체포되었습니다. 보트는 나머지 사람을 태우고 도망치고, 배는 즉시 떠나 버렸습니다. 그리고 다른 두 사람의 동료, 즉 나와 같은 이 동인도에 온 레이프 출신의 디르크 헤스베르토스존과 암스테르담 출신의 얀 피테르세 펠바스트는 지금으로부터 17, 8년 전에 타타르인이 이 나라를 점령했을 때 전사했습니다."

또 저희들이 그가 어디에 살며, 어떻게 생활하고 있으며, 무엇 때문에 이 섬에 왔는가를 물었습니다.

"나는 서울에 살고 있으며, 국왕으로부터 적당한 식량과 의복을 지급받고 있으며, 이곳에는 여러분이 어느 나라 사람이며, 어떻게 해서 이곳에 왔는가를 알아보기 위해서 왔습니다."

그는 계속 대답했습니다.

"저도 여러 번 국왕이나 다른 고관들에게 일본으로 보내 달라고

---

16 얀 얀세 벨테브레(Jan Janse Weltevree) : 조선 인조(仁祖) 5년에 홀란디아(Hollandia)호 선원으로 풍랑을 만나 제주도에 표류하여 훈련도감(訓練都監)에 소속되어 병자호란 때는 대포 사용법을 가르쳐 주었음. 박연(朴淵).

부탁했으나 언제나 거절되었으며, '당신이 새라도 된다면 날아서라도 갈 수 있겠지만, 우리들은 외국 사람을 국외로 내보내지 않기로 하고 있으니, 당신은 식량과 의복을 지급받고 이 나라에서 일생을 보내지 않으면 안 된다.'고 말합니다."

그러고는 저희들을 위로해 주며 다시 말했습니다.

"국왕에게 가 보았자 그 외의 다른 말은 없을 것입니다."

이렇게 되자 통역이 생겼다고 기뻐했던 마음도 순식간에 슬픔으로 변하고 말았습니다.

그는 약 57, 8세 정도 되어 보였는데, 놀랍게도 모국어를 거의 다 잊어버리고 있어 앞에서도 말씀드린 바와 같이 처음에는 저희들의 말을 거의 알아듣지 못했습니다만, 저희들과 약 한 달 동안 같이 있다 보니 다시 회복되었습니다.

이상 말씀드린 여러 가지 사실과 선박 및 저희들에 관한 보고서는 총독의 명령에 의하여 적절히 작성되었고, 앞에서 설명한 얀얀세의 통역에 의하여 우리들에게 그 내용이 소개되었습니다. 이 보고서는 다음 배편으로 국왕에게 보내질 것입니다.

그 동안 총독은 저희들을 위로하기 위해 매일처럼 말해 주곤 했습니다.

"나는 보고서에 대한 회답을 이제나저제나 매일 기다리고 있으며, 여러분을 일본에 보내도 좋다는 소식이 오기를 기대하고 있다."

저희들은 그의 말을 듣고 마음을 달래지 않을 수가 없었습니다. 또 그가 총독의 자리에 있는 동안은 내내 저희들에게 한결같은 우정을 표시해 주었습니다. 그는 또 벨테브레와 그의 관리 중 한 사람을 매일 저희들을 찾아오게 해서 저희들에게 필요한 물건을 알아보도록 하기도 했습니다.

12월 초에 새로운 총독이 부임해 왔습니다. 그것은 전임 총독의 3년 임기가 끝났기 때문입니다. 저희들은 매우 슬펐습니다. 그 이유는 신임 총독이 새로운 임무를 띠고 오지 않았나 생각되었기 때문입니다. 그리고 그것은 사실이 되었습니다. 날씨가 추워지는데 저희들이 가지고 있는 옷이 없기 때문에, 전임 총독은 그가 떠나기 전에 저희들을 위해 안을 단 긴 옷 한 벌씩과 가죽 털로 만든 양말 그리고 신 한 켤레씩을 만들어 주어 추위를 면하게 해 주었고, 또 압수했던 서류와 기타 자질구레한 물건들을 도로 내주었습니다. 겨울을 지내는 것을 돕기 위해 큰 통에 든 어유(魚油)를 주기도 했습니다. 또 그는 송별의 잔치를 베풀어 저희들을 환대해 주었으며, 벨테브레를 통하여 이렇게 말하기도 했습니다.

"나는 여러분들을 일본에 보낼 수도 없고 또 나와 같이 본토로 데려갈 수도 없어 매우 안타깝다. 그러나 내가 국왕에게 가면 여러분을 석방하든지 즉시 서울로 데려오든지 내 힘 닿는 데까지 노력하겠다."

저희들은 그의 모든 호의에 대해서 마음속으로부터 감사했습니다.

신임 총독은 직무를 맡게 되자 즉시 저희들로부터 모든 부식물을 빼앗아 갔기 때문에, 식사는 거의 쌀밥과 소금 그리고 물만 가지고 해야 했습니다. 저희들은 이 사실을 전임 총독에게 호소했습니다. 그는 바람이 불어서 아직 떠나지 못하고 있었습니다. 그는 저희들에게 말했습니다.

"나는 임기가 끝났기 때문에 이 일에 간섭할 수는 없지만 총독에게 편지는 써 보지."

그래서 그가 섬에 있는 동안만은 신임 총독은 다시 그런 호소문이 나가지 않도록 하기 위해 때때로 부식물을 주기도 했습니다.

1654

KOR ÉA, en de aangrenzende Deelen van TARTARYE,
endelingen, Jezuiten, van den Jaare 1708 tot den Jaare 1717.

하멜표류기

정월 초에 전임 총독은 출발했습니다. 그때부터 대우는 다시 나빠지기 시작했습니다. 그는 쌀 대신 보리쌀을 주었고, 밀가루 대신 보릿가루를 주었으며 부식물은 전혀 주지 않았습니다. 그래서 부식물을 얻기 위해서는 보리쌀을 팔아야만 했습니다. 저희들은 4분의 3폰드의 보릿가루로 견뎌야 했습니다. 그러나 여섯 명씩 교대로 외출하는 것은 그대로 허락되었습니다. 저희들은 대우가 나빠지고 또 국왕으로부터의 소식이 너무 늦기 때문에 섬에 갇힌 채로 일생을 죄수 같은 생활을 해야 되지 않을까 걱정하게 되자, 적당한 시기와 바람을 만나게 되면 도망치자고 모든 궁리를 다 했습니다. 그래서 밤중에 해안에 머물러 있는 배가 없을까 하고 여러 번 찾아 헤매던 중, 그런 배를 하나 찾아내 드디어 탈출하기로 했습니다. 이 탈출 계획은 4월 그믐께쯤 일등 항해사 이하 여섯 명이 하기로 했습니다. 그런데 그 중의 한 사람이 배와 조수 관계를 알아보려고 울타리를 넘다가 개에게 들켜 짖어 대는 바람에 감시원이 눈치를 채고 경비를 엄히 하는 바람에 실패하고 말았습니다.

5월 초에, 항해사는 다른 5명의 승무원과 같이 외출했다가 마을을 벗어난 곳에 장비가 제대로 되어 있는 빈 배 한 척을 발견했습니다. 그는 즉시 동료 한 사람을 수용소로 보내 일인당 두 조각밖에 안 되는 몇 조각의 빵과 이런 일을 위해 미리 만들어 두었던 밧줄을 가져오게 했습니다. 그가 돌아오자 그들은 물 한 그릇씩 마시고 배를 탔습니다. 배를 해변에서 바다에 내릴 때에는 동네 사람들의 힘을 빌렸는데, 처음에는 그들도 당황해서 이것이 무엇을 의미하는지를 모르고 있다가 동네 사람 중의 한 사람이 집으로 뛰어 들어 가더니 화승총을 들고 나왔습니다. 그는 총을 들고 배를 탄 사람들을 쫓아 물속으로 뛰어 들어갔습니다. 그들은 이렇게 해서 도망쳐 나갈 수가 있었는데 한 사람만은 밧줄을 풀어 주고 있었기 때문에 배에 탈 수가 없었습니다. 배에 탄 사람들은 돛을 올리기는 했습니다만 배의 장비를 다룰 줄 몰라 돛을 단 채로 마스트가 자빠졌습니다. 그들은 온갖 노력을 다하여 다시 돛을 세웠지만 마스트를 세우는 곳이 부서졌기 때문에 다시 마스트는 바다에 나가떨어졌습니다. 이번에는 다시 세우지 못하고 배는 해안 쪽으로 밀려왔습니다. 해안에 있던 사람들은 이것을 보자 다른 배를 타고 쫓아왔습니다. 두 척의 배가 서로 접근하게 되자 저희 동료들은 그들이 총을 가지고 있는데도 불구하고 그 배에 뛰어올라 그들을 바다 속으로 집어던지고 그 배로 탈출하려고 했습니다. 그런데 그 배는 누수가 너무 심해서 도저히 성공할 수가 없다는 것을 알게 되자 다시 육지로 돌아왔습니다. 그들은 총독 앞으로 연행되었습니다. 총독은 그들을 꽁꽁 묶고서는 칼을 씌우고 꿇어앉게 했습니다. 저희들은 저희의 동료들이 그런 괴로운 꼴을 당하는 것을 보고 있어야만 했습니다. 총독은 벨테브레의 통역으로 물었습니다.

"너희들은 다른 사람들과도 공모했는가?"

그들은 대답했습니다.

"다른 사람들은 모르는 일입니다."

그것은 동료들에게 괴로움과 벌을 주지 않도록 하기 위해서였습니다. 총독은 그 다음에 왜 그랬는가 물어 보게 했습니다. 그들은 다시 대답했습니다.

"일본에 가기 위해서였습니다."

총독은 계속해서 물었습니다.

"그런 작은 배를 타고 음료수도 없이 빵 몇 조각 가지고 갈 수 있다고 생각하는가?"

그들은 대답했습니다.

"이런 대우를 받는다면 차라리 죽어 버리는 것이 낫습니다."

총독은 그의 칼을 풀어 주고 한 사람 한 사람 허리를 벗게 하더니 길이가 여섯 자 가량 되고 끝이 손바닥만큼 넓은데다 손가락만큼 두껍고, 손잡이가 동그랗게 되어 있는 몽둥이로 스물다섯 번씩 때렸습니다. 그들은 그것 때문에 약 한 달은 누워 있어야만 했습니다. 그 때문에 저희들의 외출은 금지되고 밤낮을 가리지 않은 엄중한 감시를 받게 되었습니다.

이 섬은 그들이 말하는 바 셀루오[17]이며 저희들이 켈파르트라 하는 섬으로, 먼저도 말한 바와 같이 33도 32분의 위도에 있습니다. 코레[朝鮮]의 남단으로부터 12, 3마일의 거리에 있으며 섬의 주위는 14, 5마일은 될 것 같습니다. 본토에 면한 부분, 즉 북쪽 해안에는 항구가 있는데 그들은 이곳을 통하여 본토와 교통 연락을 취합니다. 이곳에는 암초가 있기 때문에 지리를 모르는 사람이 함부로 입항하기는 위험한 곳입니다. 그래서 이곳을 항해하는 사람들 중에 일기가 나빠 입항할 수 없는 사람들은 흔히 일본 쪽으로 가 버립니다. 그 이유는 이 항구의 밖에는 배를 정박시키는 시설, 즉 피난처가 없기 때문입니다. 섬의 주위 사방에 암초와 바위들이 솟아 있습니다. 또 이 섬에는 사람도 많이 살고 있으며, 식료품도 많고 말도 소도 많습니다. 그들은 이것들을 매년 국왕에게 공납하는 것입니다. 그러나 주민들은 대단히 가난하고 신분이 천하여 본토인들로부터 천대시 되고 있습니다. 섬 중앙에는 숲으로

---

17 셀루오(Cheluo) : 제주도를 가리킴. 하멜이 일본에 가서 심문받을 때에는 'Chesu'로 말하고 있음.

덮인 높은 산이 있습니다. 그 밖의 지역은 대부분이 농사지을 수 없는 불모의 언덕으로 되어 있는데 많은 골짜기 사이사이에 벼를 심고 있습니다.

5월 말이 되어서야 기다리고 기다리던 국왕으로부터의 통지가 왔습니다. 그런데 저희들은 슬프게도 서울로 가야 했습니다. 그러나 이 엄한 감시로부터 해방된다는 것은 반가운 일이었습니다. 6, 7일 뒤에 저희들은 4척의 정크에 나누어 타게 되는데, 두 다리나 한 팔은 배에 묶이게 되었습니다. 그것은 저희들이 정크를 이용해서 도망치지 못하도록 함이었으며, 만일 묶어 두지 않은 채로 항해하다가 감시하는 병사들이 뱃멀미라도 하게 되면 그런 일이 안 일어난다고 장담하지 못한다는 걱정 때문이었습니다. 저희들은 이런 대우를 받으면서도 이틀간이나 배를 타고 있었습니다만, 바람이 사납기 때문에 출항할 수가 없어, 풀려서 다시 먼저의 감옥으로 돌아왔습니다. 4, 5일 뒤에 순풍이 불게 되자, 동이 트자마자 다시 배에 끌려가서 먼젓번처럼 배에 묶인 채 감시를 받았습니다. 드디어 배에 닻을 올리고 출발하여 저녁에 본토 근방에 도착하더니 밤중에 입항했습니다. 다음날 아침 저희들은 상륙하였는데 역시 군인들의 엄한 감시를 받았습니다. 다음날은 말을 타고 해남(海南)이라는 읍으로 향했습니다. 저희들 36명은 그 날 저녁 다시 한자리에 모이게 되었습니다. 그때까지는 정크가 서로 따로따로 도착했기 때문에 떨어져 있었던 것입니다. 다음날 아침 약간의 식사

를 하고서는 다시 말을 타고 출발하여 저녁에 영암(靈岩)이라는 읍에 도착했습니다. 그 날 밤 푸르메렌트 출신의 포수 폴 얀세 콜이 죽었습니다. 그는 배가 난파당한 뒤에 한 번도 건강해 본 적이 없었습니다. 그의 시체는 읍의 총독의 명령에 따라 저희들 눈앞에서 매장되었습니다. 저희들은 묘지에서 다시 말을 타고 출발하여 저녁에 나주(羅州)에 도착했습니다. 다음날 아침 다시 출발해서 그 날 밤은 장성(長城)이라는 고을에서 잤습니다. 다음날 밤은 정읍(井邑)에서 하룻밤 잤습니다. 그 날은 상당히 높은 산을 넘었는데 그 꼭대기에는 입암산성(笠岩山城)이란 커다란 성채가 있었습니다. 저희들은 시내에서 하룻밤을 묵고 그 다음날은 태인(泰仁)에 도착했습니다. 그 다음날 정오 때쯤에는 금구(金溝)라는 작은 마을에 도착했고, 점심을 먹고 다시 떠나 저녁에는 전주(全州)라는 큰 도시에 도착했습니다. 이곳은 옛날에는 왕궁이 있었는데 지금은 전라도의 총독(監司)이 주재하고 있습니다. 그곳은 상업 도시로서 전국적으로 유명한 곳인데 내륙의 도시이기 때문에 바다로는 갈 수가 없습니다. 다음날 다시 이곳을 떠나 저녁에 여산(礪山)이라는 고을에 도착했습니다. 이곳은 전라도의 최종점이었습니다. 그 다음날 다시 말을 타고 떠나, 밤에 이르러 충청도의 은진(恩津)이라는 작은 마을에서 하룻밤 묵었습니다. 다음날은 연산(連山)이라는 곳, 그리고 그 다음날은 공주(公州)에 도착했는데 이곳은 충청도 감사가 있는 곳입니다. 다음날은 큰 강을 건너 경기도에 들어갔습니다. 왕국의 수도는 이 경기도에 있습니다. 또 며칠을 여행하여 여러 개의 읍과 마을을 지나 드디어 도르트레히트[18] 부근에 있는 마스 강만큼이나 큰 강(漢江)을 건넜습니다. 강을 건너서 1마일 정도 걸어가니까 시오르(Sior)[19]라고 불리는 성벽에 둘러싸인 굉장히 큰 도시가 있었습니다. 이곳이 국왕이 살고 있는 고장입니다. 저희들은 북북서 방향으로 70 혹은 75마일 가량 여행한 것이 됩니다.

저희들은 시내에 들어가 한 채의 건물 속에 전원 수용되어 있었으나, 2, 3일 뒤에는 중국에서 도망쳐 온 사람들이 살고 있는 곳에 두서너 명씩 나뉘어 수용되었습니다. 배속된 다음 곧 저희들은 국왕 앞으로 끌려갔습니다. 왕은 저희들에 대해서 얀 얀세 벨테브레를 통해 여러 가지를 물어 보았는데 저희들은 온갖 수단을 다해 대답했습니다. 저희들은 왕에게 탄원했습니다.

"배가 폭풍우를 만나 이국땅에 난파되어 저희들은 부모나 처자식이나 친구, 애인들과도 못 만나게 되었습니다. 폐하께서 자비를 내리시어 저희들을 일본에 보내주시어 그곳에서 동포를 만나 다시 고국에 돌아갈 수 있게 하여 주시기를 바랍니다."

그렇지만 왕은 벨테브레를 통해서 이렇게 통역시켰습니다.

"외국인을 국외로 내보낸다는 것은 이 나라 관습에는 없는 것

---

18 도르트레히트(Dordrecht) : 네덜란드 서남부에 위치한 도시. 로테르담 동남쪽 약 20km 지점. 마스(Mass) 강의 하항(河港)인데 철도의 중심지임.

19 시오르(Sior) : 서울(Seoul)을 뜻함.

이므로 외국인은 여기서 일생을 보내야 한다. 그 때문에 너희들의 식량이 배당되는 것이다."

국왕은 저희들에게 네덜란드식의 춤을 추게 하고 노래를 부르게 했기 때문에 저희들은 알고 있는 모든 것을 다 발표했습니다. 저희들은 그 나라 습관에 따라 환대를 받았으며, 1인당 포목 2필씩을 숙소의 관리인을 통해 지급받았습니다. 한 필은 네덜란드 식으로, 또 한 필은 이 나라 식으로 옷을 짓기 위해서입니다.

다음날 저희들은 사령관 앞으로 불려가게 되었습니다. 그는 벨테브레를 통역으로 해서 저희들이 국왕의 명령으로 사령관의 호위병이 되었으며, 1인당 매월 약 70근의 쌀을 지급받게 되었다는 것을 알리고는, 각자에게 원향으로 된 명찰을 주었습니다. 거기에는 조선의 글로써 적은 저희들의 이름, 연령, 출신 등과 근무 장소가 새겨져 있었으며 국왕과 사령관의 낙인이 찍혀 있었습니다. 그리고 화승총 한 자루씩과 화약, 총알 등을 지급받았고 초하루와 보름날에 사령관한테 인사하러 와야 한다고 명령받았습니다. 이러한 것은 그 나라의 관습으로서, 국왕의 관리로서 봉록이 적은 사람은 봉록이 많은 사람에게, 그리고 왕의 고문관은 국왕에게 각각 이런 식으로 해야만 합니다. 사령관이 국왕을 따라 외출할 때나, 그가 국왕의 명을 받아 외출할 때는 우리들이 그를 호위해야만 했습니다. 그는 또한 부하를 1년에 6개월, 즉 봄에 3개월, 가을에 3개월씩 훈련시킵니다. 그리고 나머지 기간에는 한 달에 세 번

사격 훈련, 그 밖의 훈련을 합니다. 요컨대 그들은 세계 최강의 군대에 대하여 하듯이 훈련합니다.

그는 한 사람의 중국인과 벨테브레를 저희들의 대장으로 임명하여 모든 것을 그 나라 독특한 방법으로 지도시키고 또 감시시켰습니다. 또 저희들이 필수품을 조달하고 옷을 만들기 위해 포목 2 필씩을 지급해 주었습니다.

저희들은 날마다 여러 귀족들의 잔치에 초대받았는데, 그것은 저희들의 검술과 춤추는 것 등 노는 솜씨를 보기 위해서였습니다. 그들과 그들의 처자들은 저희들을 구경하고 싶어 했는데 그것은 제주도 사람들이 저희들을 괴물로 본다든가, 무엇을 마실 때는 코를 귀의 뒤쪽에 돌리고 마실 것이라든가, 머리카락이 갈색이기 때문에 사람이라기보다는 물속을 헤엄쳐 다니는 새처럼 보인다든가 하는 소문들이 돌았고, 또 그들은 이러한 이야기들을 듣고 호기심이 생겼기 때문이기도 합니다. 그렇지만 그들은 저희들의 멋있는 풍채(그들은 흰 살결을 높이 존중합니다.) 때문에 그들 나라 사람보다도 저희들을 좋아했기 때문이기도 합니다. 한 마디로 말해서 저희들은 처음 한동안은 구경꾼들 때문에 거리를 마음대로 걸을 수가 없었고, 또 숙소에서도 구경꾼들 때문에 시끄러워 거의 쉬지도 못할 지경이었습니다. 드디어 사령관은 저희들이 그의 명령을 받은 사람이나 허가받은 사람 이외의 사람과 외출하는 것을 금지시켰습니다. 그것은 양반의 하인들이 주인의 지시 없이도 함부로 저희들을 불러내기도 하고, 놀려 주거나 하는 일이 있었기 때문입니다.

8월에는 타타르인이 매년 받아 가는 조공물을 받아 가려고 왔습니다. 저희들은 국왕의 명령에 따라 커다란 성채로 보내져서, 타타르인이 서울에 와 있는 동안에는 거기서 감시받았습니다. 이 성채는 도성에서부터 6, 7마일 떨어진 아주 높은 산을 2마일 가량 올라간 곳에 있었고, 아주 견고하여 전쟁 때에는 이 나라의 신분이 높은 고관들이 살러 왔고, 또 3년분의 식량이 저장되어 그것으로 수천 명은 먹일 수 있게 되어 있었습니다. 그곳은 남한산성이라 하는 곳입니다. 저희들은 타타르인이 떠난 9월 2, 3일경까지 거기에 머물러 있었습니다.

11월 말이 되니까 추위가 심해져서 도성에서 1마일 가량 떨어진 곳의 강(漢江)의 물은 두껍게 얼어붙어 짐을 가득 실은 말이 2백~3백 마리나 줄을 지어 건너갈 수 있을 정도가 되었습니다.

12월 초에 사령관은 저희들이 심한 추위나 가난으로 고생하는 것을 보고 국왕에게 보고했습니다. 국왕은 저희들에게 약간의 사슴 가죽을 주라고 명했습니다. 그 사슴 가죽은 배가 조난당했을 때 육지로 표류해 올라온 것으로 그들이 몰수하여 말리고, 그들의 배로써 운반해 온 것입니다. 그러나 그 대부분은 썩기도 하고 좀이 먹은 것들이었습니다. 저희들은 그것을 팔아 그 돈으로 추위를 면하도록 해야 하는 것이었습니다. 그 당시 저희들은 아직은 건강이 좋았습니다. 그러나 집주인은 매일 저희들보고 땔나무를 해 오

라고 요구하여 저희들을 괴롭히고 있었습니다. 산까지는 왕복 3
마일씩이나 되는데, 추위가 심한데다가 익숙지 않은 일이었으므
로 저희들로서는 대단히 힘들었습니다. 그래서 저희들은 구조될
가망이 거의 없어진 이 마당에서는 밤낮 이 이교도들에게 괴로움
을 당하기보다는 좀 춥더라도 두세 사람씩 공동으로 자그마한 오
두막집이라도 하나씩 사서 살아가는 것이 좋을 것이라고 생각하
기에 이르렀습니다. 그래서 한 사람이 은전(銀錢) 3, 4타일[20]씩 걷
어 가지고 각각 8, 9타일 값이 나가는 오두막집을 장만했습니다.
그리고 잔액 중에서 따로 돈을 빼내어 옷을 사서 그것으로 겨울을
지냈습니다.

---

20 타일(Tahil) : 말레이어로 우리의 냥(兩)과 같음.

1655

OCEAN ORIENTAL
OOSTERSE-OCEAAN
ou
MER DE LA CHINE
of
CHINEESSE-ZEE

La
CHINE
avec
la KORÉE
et les Parties de la
TARTARIE les plus
voisines, tirée des Cartes que
les Jesuites Missionaires ont
levées les Années 1708
jusqu'en 1717.

KAULI-QUA ou R.e [KONING] KOREA

MONGOLS

HONAN

SHANTONG

HAY-FONG

NAN-KING

HÉ-KYANG

TON-KING

[ILAND] HAY-NAN

Notu
De Hoofdsteden der Landschappen
zyn in Kapitaale Letteren; andere
voornaame Steden in Romyn; en
die van den tweden Rang in Italiaane

Echelle Lieues communes de France.
Schaal van 100 Gemeene Fransche - mylen.

KORÉA, en de aangrenzende Deelen van TARTARYE,
ndelingen, Jezuiten, van den Jaare 1708 tot den Jaare 1717.

하멜표류기

3월에 앞서 말씀드린 타타르인이 다시 찾아왔습니다. 그러나 타타르인이 출발하는 날 암스테르담 출신의 일등 항해사 헨드릭 얀세와 하를레 출신의 포수 헨드릭 얀세 보스는 땔나무가 필요하다는 핑계를 꾸며 숲속으로 들어가서 타타르인이 지나갈 것 같은 방향으로 갔습니다. 타타르인의 사절이 수백 명의 기병과 보병들의 호위를 받으며 행진해 오자, 그들은 호위병들을 헤치고 들어가 사절 단장이 탄 말의 고삐에 매달렸습니다. 그들은 코레의 옷을 벗어 버리고 밑에 입고 있던 네덜란드의 옷을 입은 채로 타타르인 앞에 나타난 것입니다. 이 때문에 순식간에 혼란이 벌어지고 큰 소동이 일어났습니다. 타타르인은 그들에게 어느 나라 사람이냐고 물었지만 서로 상대방의 말을 알아들을 수가 없었습니다. 그는 항해사를 그들이 숙박하고 있는 곳까지 데려오도록 명령했습니다. 그리고 호위하는 사람들에게 항해사와의 이야기를 통역해 줄 사람이 있는가 물었습니다. 그 이야기는 즉시 국왕의 귀에 들어가 벨테브레가 국왕의 명령으로 즉시 사절의 뒤를 쫓아갔습니다. 저희들 일행은 오두막집에서 왕궁으로 연행되었습니다. 그리고 왕국 고문관 앞에 끌려 나갔는데, 그들은 저희들에게 왜 이러한 사건을 미리 알지 못했는지 물어 왔습니다. 저희들은 대답했습니다.

"이 일은 저희들이 모르는 사이에 일어났습니다."

그러나 그들은 저희들에 대해서 그들의 손아귀에서 벗어날 수 없다는 것을 보여 주기 위해서 볼기를 50대씩 때렸습니다. 국왕은 이상의 사건에 대해서 보고를 받았는데 볼기를 50대씩 때렸다는 것에 대해서는 못마땅하게 생각하여 이렇게 말했습니다.

"그들은 폭풍우 때문에 우리나라에 표류해 온 것이지, 도둑질하러 온 것이 아니다."

그러고는 저희들을 집으로 보내 주었으며, 따로 명령이 있을 때까지 집에 있으라고 했습니다. 한편 항해사는 벨테브레가 타타르인의 거처에 도착하자 여러 가지를 물어 보았습니다. 이 사건은 국왕과 고문관들에게는 치명적인 사건이었기 때문에, 그들은 타타르인의 사절에게 뇌물을 주며 이 사건을 황제에게 알리지 말라고 매수했고, 이 두 사람의 승무원 즉 항해사와 포수는 서울의 감옥에 갇혀 있다가 얼마 뒤에 그곳에서 죽었습니다. 저희들은 그들이 병사했는지 살해되었는지 확인할 수는 없습니다. 왜냐하면 그들이 잡혀있는 곳에 가는 것은 금지되었고 또 갈 수도 없었기 때문입니다.

6월에 타타르인이 다시 이 나라에 올 무렵 저희들 일동은 사령관으로부터 호출을 받았습니다. 그는 말하기를, 켈파르트 섬에 배가 표류한 것 같은데 벨테브레는 나이가 많아서 갈 수 없으니 누군가가 거기에 가 주었으면 좋겠다는 것이었습니다. 그래서 저희들 중에 제일 조선말을 잘 하는 사람 세 명을 보내 확인하도록 하고 2, 3일 뒤에 조수 한 명과 갑판장 그리고 수부(水夫) 한 명이 그들이 인솔하는 하사관 한 명과 같이 그곳을 향해 출발했습니다.

8월에는 앞에서 말씀드린 두 사람이 죽었다는 소식과 타타르인이 다시 왔다는 소식을 들었습니다. 저희들은 다시 저희들의 집에서 엄중한 감시를 받고, 타타르인이 귀국하기 2, 3일 전부터는 외출하면 체형까지 받도록 되었습니다. 타타르인이 오는 날 수일 전에 저희들은 앞서 말씀드린 세 사람의 동료들로부터 편지를 받았는데, 그 편지에 의하면 그들은 이 나라의 최남단에 있는 성채에서 엄중히 감시받고 있다는 것을 알았습니다. 그들은 타타르의 황제가 이 사실을 알아차리고 저희들의 출두를 요구하면, 지금 저희들은 제주도로 가는 중이라고 얼버무리게 하고 저희들을 이 나라에 묶어 둘 작정으로 그들 세 명을 파견한 것입니다. 연말이 되어 타타르인은 다시 얼음을 딛고 조공물을 받으러 왔습니다. 저희들은 역시 이전처럼 집 안에 갇혀 감시받게 되었습니다.

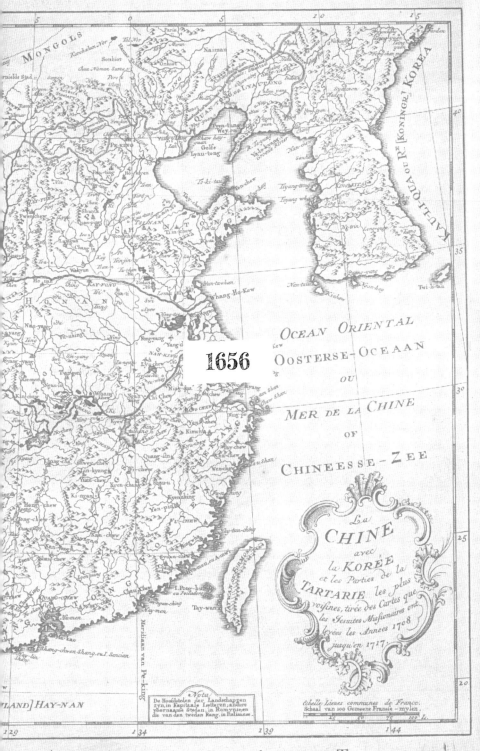

1656

KOREA, en de aangrenzende Deelen van TARTARYE,
ndelingen, Jezuïten, van den Jaare 1708 tot den Jaare 1717.

하멜표류기

연초에 타타르인은 이 나라에 두 번 찾아왔습니다만 저희들이 있다는 것을 모른 채 가 버렸습니다. 왕국 고문관(都承旨)들이나 그 밖의 고관들이 저희들을 죽이자고 말하게끔 되었습니다. 이러한 문제에 관해서 3일 연속 회의가 벌어졌습니다. 국왕 및 국왕의 동생과 사령관(훈련대장) 및 저희들과 관계있던 고관들은 모두 이에 반대했습니다. 사령관은 저희들을 죽이는 것보다 저희들 한 사람 한 사람에 대해서 그들 조선 국민 두 사람씩과 대결하게 하여, 서로 똑같이 무장시킨 다음 저희들 쪽이 완전히 죽어 없어질 때까지 싸움시키는 것이 좋겠다고 했습니다. 이렇게 해야만 국왕도 그의 신하들로부터 공공연히 외국인의 목숨을 업신여겼다는 평을 듣지 않게 될 것이라 주장했습니다. 이러한 정보는 저희들에게 호감을 가지고 있는 사람들을 통해서 알게 되었습니다. 저희들은 회의가 열리는 동안은 집에서 나가지 못하도록 지시받았습니다. 저희들은 우리들 신상에 관해서 어떤 일이 일어나려고 하고 있는지를 몰랐기 때문에 벨테브레에게 물어 보았더니 그는 그냥 간단하게 말해 주었습니다.

"여러분 목숨이 앞으로 3일간 붙어 있게 된다면 그 다음부터는 생명이 안전하다고 생각해도 좋다."

국왕의 동생은 회의의 의장 역할을 했는데, 회의장을 왕복할 때는 저희들 집 근방을 통과하지 않으면 안 되었습니다. 저희들은 그의 모습을 보자 얼굴을 땅에 대고 절했습니다. 그는 저희들을 대단히 동정하여서 국왕에게 이러한 사실을 보고했습니다. 이렇게 해서 저희들의 목숨은 여러 사람들의 의견을 뿌리친 국왕과 그의 동생에 의해서 구조되었습니다만, 국왕은 저희들을 싫어하는 사람들의 건의에 따라 - 이것은 오히려 저희들에게는 행운을 가져왔습니다. - 저희들을 전라도에 유배하기로 했습니다. 그들 반대파는 저희들이 다시 타타르인들 앞에 나가서 더 말썽을 부릴지도 모른다고 주장했던 것입니다. 저희들은 거기서 국왕 자신의 수입 중에서 매월 50폰드의 쌀을 지급받게 되었습니다.

3월 초에 저희들은 말을 타고 서울을 떠났습니다. 벨테브레와 그 밖의 친하게 지내던 사람들은 서울에서 1마일 가량 떨어진 강의 나루터까지 저희들을 배웅해 주었습니다. 저희들은 배를 타고, 벨테브레는 서울로 돌아갔습니다. 이것이 그를 마지막 본 순간이며, 그 뒤에 다시 그에 관한 소식을 듣지 못했습니다. 저희들은 상경할 때 지나간 고을들을 거꾸로 지나가 엉암까지 갔는데, 밥값과 말 값도 역시 상경할 때처럼 국비로써 혜택을 받았습니다. 점심때쯤 작천(鵲川) 혹은 전라 병영이라 하는, 고을 옆의 산에 성채가 있는 큰 읍에 도착했습니다. 거기에는 감사의 차석으로서 전라도의 군사령관인 병사가 있었습니다. 저희들을 호송해 온 하사관은 국왕의 편지와 함께 저희들을 사령관(兵使)에게 인도했습니다. 사령관은 곧 그 하사관에게, 작년에 서울에서 온 세 사람의 동료들을 데리고 와서 저희들과 합류시키도록 했습니다. 그들 세 명은 이 고장에서 약 12마일 떨어진, 부제독이 주재하고 있는 성채에 있었던 것입니다. 저희들은 국가 소유의 건물 속에 살게 되었는데 3일 뒤에는 동료 세 사람도 합류했습니다. 인원은 총 33명이 되었습니다.

4월에는 오랫동안 제주도에 방치되어 있던 사슴 가죽을 몇 장 얻었습니다. 그것은 (상했기 때문에) 서울에 보낼 정도로 대수로운 물건이 아니었습니다. 그 섬이 이곳으로부터 18마일의 거리에 있고 저희들이 해안 근방에 있었기 때문에 호의적으로 보내졌을 것입니다. 저희들은 그 일부를 팔아 의복도 장만하고 새로운 집에 필요한 물건들을 사기도 했습니다. 총독(병사)은 저희들에게 월 2회 관청 앞에 있는 광장의 풀을 제초하도록 시켰습니다.

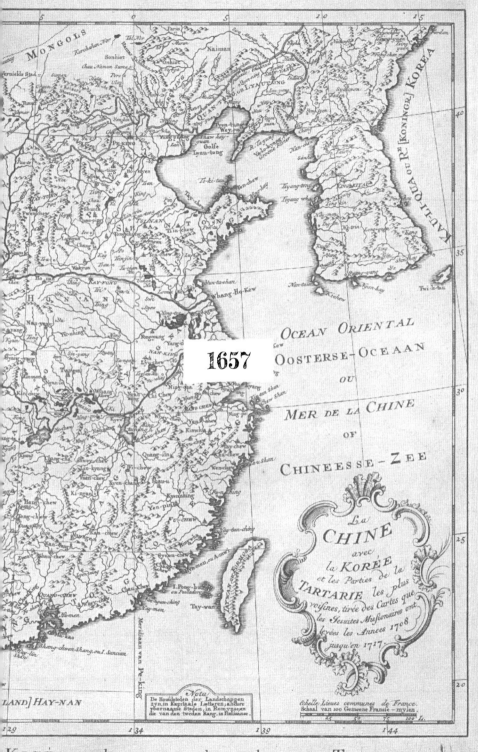

1657

OCEAN ORIENTAL
OOSTERSE-OCEAAN
ou
MER DE LA CHINE
of
CHINEESSE-ZEE

La
CHINE
avec
la KORÉE
et les Parties de la
TARTARIE les plus
voisines, tirée des Cartes que
les Jesuites Missionaires ont
levées les Années 1708
jusqu'en 1717.

KAU-LI-QUA ou Rle [KONING] KOREA

MONGOLS

HAY-NAN

Nota.
De Hoofdsteden der Landschappen
zyn in Kapitaale Letteren, andere
voornaame Steden, in Romynschen
die van den tweden Rang, in Italiaanse.

Echelle Lieues communes de France.
Schaal van 100 Gemeene Fransie - mylen.

KORÉA, en de aangrenzende Deelen van TARTARYE,
...delingen, Jezuiten, van den Jaare 1708 tot den Jaare 1717.

하멜표류기

연초에 총독, 즉 사령관은 정무상 과실 때문에 국왕의 명령으로 서울로 소환되어 자칫 사형당할 뻔했으나 일반 사람들로부터 대단히 사랑받고 있어 그를 옹호하는 사람이 많았고, 또 그가 명문 출신이기 때문에 국왕의 특사를 받았습니다. 그는 그 뒤에 더 높은 지위로 영전되었습니다. 그는 저희들에 대해서도 일반 주민에 대해서와 마찬가지로 호의적이었습니다.

2월에 신임 총독이 부임했는데 이 사람은 전임자하고는 비교도 안 되었습니다. 그는 자주 저희들을 부려먹었습니다. 전 총독은 저희들에게 마음대로 땔나무를 주었는데, 신임 총독은 오자마자 그것을 빼앗았습니다. 그래서 저희들은 3마일이나 떨어진 산에 가서 나무를 해 와야 했습니다. 이것은 대단히 괴로운 일이었습니다. 그러나 그는 부임 직후 즉 9월에 심장마비로 죽었습니다. 그의 통치는 아주 엄했기 때문에 저희들도 주민들도 모두 그의 죽음을 기뻐했습니다.

11월에 들어서 또 신임 총독이 부임했는데 그는 저희들에 대해서 전혀 무관심했습니다. 저희들이 그에게 의복과 그 밖의 것을 부탁하자 그는 이렇게 대답했습니다.

"나는 국왕으로부터 쌀을 지급해 주라는 명령밖에 받지 못했다. 그러니까 필요한 물건은 다른 수단을 써서 구해야 한다."

저희들의 옷은 날마다 나무하느라고 여기저기 해지고, 게다가 겨울은 닥쳐왔습니다. 저희들은 그들 조선 사람이 호기심이 많고 진기한 이야기를 듣기 좋아한다는 것과 또 이 나라에서는 구걸하는 것이 하나도 수치스러운 것이 아님을 알았기 때문에 우리가 겨우살이에 필요한 물건을 구걸하는 것이 좋겠다고 생각했습니다. 저희들은 소금 한 줌을 얻기 위해서 반마일이나 걸어야 했습니다. 그래서 저희들은 이러한 사실을 총독에게 호소했습니다.

"저희들은 나무를 해서 팔아 내내 생활해 왔습니다만, 옷은 여기저기 해져 입으나마나 한 꼴이 되었고, 식사는 쌀과 소금 그리고 물만 가지고 해야 되니 매우 괴롭습니다. 3, 4일 만에 한 번씩 일반 농민에게나 여기저기 많이 산재해 있는 절에 가서 구걸하여 월동 준비를 하고자 하는데 허락해 주십시오."

그러자 허가해 주어, 이것으로 저희들은 다시 어느 정도의 의복을 얻어 겨우살이를 할 수 있게 되었습니다.

KORÉA, en de aangrenzende Deelen van TARTARYE, ndelingen, Jezuiten, van den Jaare 1708 tot den Jaare 1717.

하멜표류기

연초에 총독은 소환되고 다른 사람이 부임해 왔습니다. 신임 총독은 다시 저희들의 외출을 금지하고 1년에 세 필의 포목을 지급해 주었습니다. 그런데 그것을 얻기 위해서 저희들은 매일 일을 해야만 했습니다. 저희들의 옷은 해지고, 그밖에 부식물이나 재목들도 있어야 했습니다. 이 해는 흉년으로 모든 물가가 비싸고 또 아주 귀해졌습니다. 저희들은 그에게 15일 혹은 20일의 휴가를 요청했습니다만 점잖게 거절당했습니다. 그 까닭은 그 당시 저희들은 열병을 앓고 있었는데 그들은 이것이 퍼질까 걱정하고 있었기 때문에 집에 있으라는 것이었습니다. 그리고 열병이 아니더라도 저희들이 서울이나 그 근방에 가거나 일본인의 숙소 쪽으로 가는 것을 미리 방지하기 위해서이기도 했습니다. 저희들은 항상 집에 있으면서 제초 작업이나 그 밖의 노동을 하지 않으면 안 되었습니다.

KORÉA, en de aangrenzende Deelen van TARTARYE,
endelingen, Jezuïten, van den Jaare 1708 tot den Jaare 1717.

하멜표류기

4월에 국왕이 훙거(薨去)[21]하시고 타타르의 동의를 얻어 그의 아들이 왕위에 올랐습니다. 저희들은 전처럼 그의 원조를 받았습니다. 저희들은 또 절에 가서 도움을 받기도 했습니다. 중들은 아주 자비심이 많아, 특히 저희들이 우리나라 사정이나 다른 나라의 소식을 말해 주면 기분 좋게 저희들에게 보시해 주었습니다. 저희들이 말하기에 지치지만 않았으면 밤새껏이라도 들으려고 했을 것입니다.

21　훙거 : 임금의 죽음을 높여서 하는 말. 효종(孝宗)이 이해 4월에 승하하고 그의 아들 현종(顯宗)이 즉위하였음.

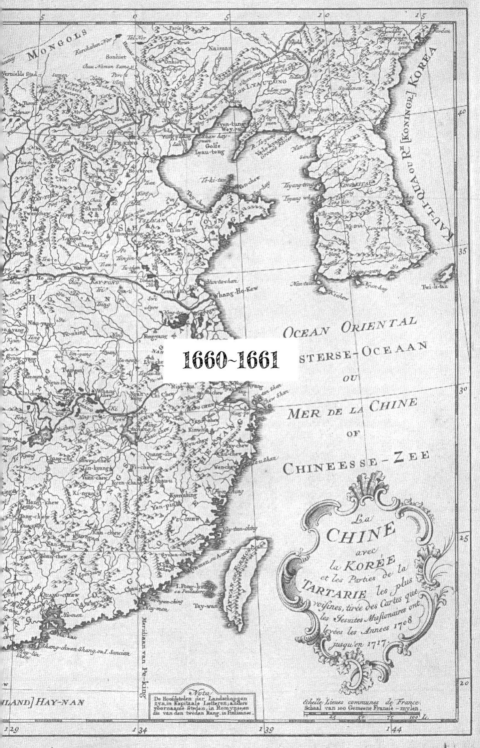

KORÉA, en de aangrenzende Deelen van TARTARYE,
ndelingen, Jezuiten, van den Jaare 1708 tot den Jaare 1717.

하멜표류기

연초에 총독이 해임되더니 곧 다른 총독이 부임했습니다. 신임 총독은 저희들에게 아주 호의적이어서 가끔 저희들을 위로해 주었습니다.

"만일 내 개인의 생각이나 권한으로서 처리될 수 있다면 여러분을 여러분의 부모나 친구 곁으로 보내고 싶지만……."

그러고는 전임 총독이 빼앗았던 자유를 다시 주었습니다.

이 해와 다음해는 가물었기 때문에 대단한 흉년이었습니다.

MONGOLS

OCEAN ORIENTAL

OOSTERSE-OCEAAN

ou

MER DE LA CHINE

of

CHINEESSE-ZEE

1662

La
CHINE
avec
la KORÉE
et les Parties de la
TARTARIE les plus
voisines, tirée des Cartes que
les Jesuites Missionaires ont
levées les Années 1708
jusqu'en 1717.

Echelle Lieues communes de France.
Schaal van 100 Gemeene Fransie — mylen.

KORÉA, en de aangrenzende Deelen van TARTARYE,
delingen, Jezuiten, van den Jaare 1708 tot den Jaare 1717.

하멜표류기

1662년에도 추수 때까지는 식량이 매우 귀해서 몇천 명이나 되는 사람이 굶어죽었습니다. 교통 기관은 도둑들 때문에 마음대로 다니지 못하게 되었고, 국왕의 명령에 따라 여행자의 안전을 도모하기 위해 경비를 철저히 했습니다. 그것은 길거리에서 굶어 죽은 사람들을 매장하고, 도둑들이 여러 마을에서 민가를 약탈하고 국고를 습격하여 식량을 강탈해 갔기 때문이었습니다. 그러나 그들은 범죄인으로서 체포되지는 않았습니다. 그 이유는 그들이 고관들의 하인이었기 때문입니다. 일반 사람들은 도토리, 소나무 껍질 그리고 풀을 뜯어먹으며 연명해 나갔습니다. 여기서 이 나라의 상황과 민정에 대해서 몇 가지 말씀드리고자 합니다.(「조선국에 관한 기술」 참조)

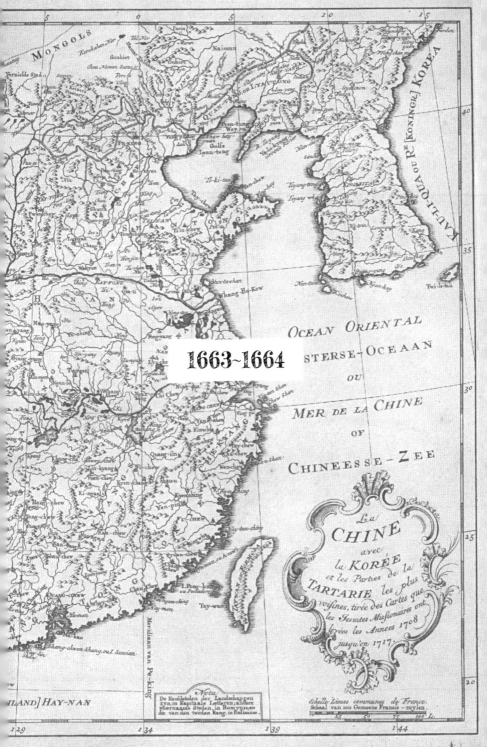

1663~1664

KORÉA, en de aangrenzende Deelen van TARTARYE,
ndelingen, Jezuïten, van den Jaare 1708 tot den Jaare 1717.

하멜표류기

3년 동안 계속되는 기근으로 사람들은 큰 타격을 받았습니다. 앞에서도 말씀드린 바와 같이 수확이 전혀 없었습니다. 만일 배수가 잘 되는 저지대나, 하천 유역 지대에서마저 수확이 없었더라면 거의 모든 백성이 굶어죽었을 것입니다. 저희들의 총독은 더 이상 저희들에게 급료를 줄 수 없게 되었기 때문에 이 사실을 태수(太守)에게 보고했습니다만 저희들의 급료는 국왕 개인으로부터 지급되는 것이기 때문에, 태수는 국왕에게 보고한 다음이 아니면 처리할 수 없었습니다.

　2월 말이 되어 총독은 저희들을 세 개의 부락에 나누어 수용하도록 명령을 받았습니다. 즉 수군절도사 영(水軍節度使營)에 12명, 순천(順天)에 5명, 그리고 남원(南原)에 5명인데 그 당시는 아직 22명이 건재하고 있었던 것입니다. 저희들은 이렇게 분산되는 것이 무엇보다도 슬펐습니다. 그 이유는 저희들이 집과 가구, 정원들을 힘들여 장만했는데 그것을 내놓아야 하게 되었으며, 다른 마을에 간다 하더라도 이러한 상태가 조금이라도 호전될 가망이 없기 때문입니다. 그러나 이 슬픔은 곧 이어 커다란 기쁨으로 변하게 되었습니다.

저희들은 3월 초에 총독과 고별인사를 하고, 그로부터 받은 친절한 대우와 우정에 감사하면서 각각 정해진 마을로 떠났습니다. 총독은 환자와 얼마 안 되는 저희들의 짐을 싣기 위해 말을 지급해 주기는 했으나 건강한 사람들은 걸어가야 했습니다. 순천과 절도사 영으로 가는 사람들은 같은 방향으로 떠났습니다. 떠난 지 나흘 만에 저희들은 순천에 도착했습니다. 저희들은 이곳에 남아 있기로 된 다섯 명을 남겨 놓은 채, 다시 이곳을 떠났습니다. 그날 밤은 국가 소유의 창고에서 잠을 자고, 다음날 새벽에 출발하여 9시경에 절도사 영에 도착, 이곳에 주재하고 있는 전라도의 제독에게 인계되었습니다. 그는 즉시 가구라고는 거의 없는 집 한 채를 저희들에게 소개해 주며, 여태까지 저희들이 받고 있던 것과 같은 대우를 해 주었습니다. 그는 선량하고 온화한 사람같이 보였습니다만, 저희들이 도착한 이틀 뒤에 서울로 전임되고, 그 사흘 뒤에 신임 제독이 부임했습니다. 그자는 저희들에게 정말로 많은 괴로움을 주었습니다. 여름에는 뙤약볕 밑에, 겨울은 겨울대로 비가 오건 눈이 오건, 저희들을 자기 앞에 세워 놓은 채 하루 종일 활을 들고 서 있게 합니다. 그것은 그가 저희들을 일등 사수로 만들려고 훈련시키는데 저희들이 말을 잘 듣지 않았기 때문입니다. 그는 또 저희들에게 노동도 시켰습니다. 이것 때문에 전능하신 하느님께서는 그가 그리스도교도를 학대했다는 것에 대해서 벌을 주셨는데, 자세한 것은 다음에 말씀드리겠습니다. 저희들은 매일 다시없는 고통 속에서 살아야 했습니다. 겨울은 눈앞에 닥쳐오는데 흉년이라 먹을 것은 겨우 그날그날 먹을 것밖에 없었습니다. 다른 두 마을에 분산되어 있는 동료들은 넉넉하지 않지만 그래도 옷가지라도 장만할 여유는 있었습니다. 저희들은 제독에게 상신하여 사흘은 근무하고, 사흘은 교대로 무엇인가 벌기 위해서 외출시켜 달라고 요청했습니다. 그러자 제독은 다른 고관들의 비난도 받았기 때문에, 보름 혹은 한 달 동안은 교대로 외출하여, 얻어 온 것은 모두 같이 분배할 것을 묵인해 주었습니다. 저희들은 이것으로 만족하지 않을 수 없었습니다. 저희들은 이 제독이 있는 동안은 내내 이런 식으로 살아야 했습니다. 그의 전임은 1664년 봄에 실현되었습니다. 그는 임기가 만료되었기 때문에, 국왕의 명령으로 이 도(道)의 사령관의 차석으로 임명된 것입니다. 그러자 저희들은 새로운 제독을 맞이했습니다. 그는 즉시 저희들을 모든 일로부터 해방시켜 주었으니, 저희들은 이제 일을 하지 않게 되었습니다. 단지 다른 고장에 분산되어 있는 동료들처럼 한 달에 두 번 그의 앞에 출두하고, 그 외에는 집을 청소하든가, 외출할 때는 그의 허가를 받든가 서기에게 신고만 하고, 만일의 경우에 즉시 연락만

취할 수 있게 하라고만 했습니다. 저희들은 저토록 잔인한 제독이 전출되고, 이토록 선량한 분이 부임되어 온 것을 하느님께 감사했습니다. 그 신임 제독은 저희들에게 이로운 것만을 해 주었고, 커다란 우정을 보여 주었으며, 때로 저희들을 불러 술과 음식을 대접하며 동정해 주었기 때문입니다. 그는 때때로 물었습니다.

"자네들은 지금 바닷가에 살고 있는데 왜 일본으로 가려고 노력하지 않는가?"

그때마다 저희들은 이렇게 대답했습니다.

"국왕께서 허락해 주지도 않을뿐더러, 도망쳐 나갈 길을 모르고 그럴 만한 배도 없습니다."

그는 또 물었습니다.

"바닷가에 있는 저 배들을 타고는 못 간단 말인가?"

저희들은 대답했습니다.

"저 배는 저희들 것이 아닐뿐더러, 만일 저희들이 실패하게 되면 국왕께서는 저희들을 탈주한 죄로서만 다스리시지 않고 절도죄로서도 벌하실 것이 아닙니까."

저희들은 그가 의심하지 않도록 이렇게 대답했던 것입니다. 제독은 그때마다 크게 웃었습니다. 저희들은 이때야말로 좋은 기회라고 생각하여 배를 구하기 위해 필요한 모든 수단을 다했습니다만, 적당한 배를 구하지는 못했습니다. 사람들이 의심했기 때문입니다.

잔인했던 전임 제독은 약 6개월간 그 자리에 있었습니다만 가혹한 통치를 했기 때문에 국왕의 명령으로 소환되었습니다. 그는 귀족이건 평민이건 사소한 일을 가지고 마구 사람을 때려 죽게 했다는 죄로 국왕으로부터 90대의 태형을 받고 종신 정배를 당한 것입니다. 연말이 가까워 올 무렵 연이어 두 개의 혜성(彗星)[22]이 나타났습니다. 첫 번째 것은 동남쪽에 두 달 가량 나타났고, 또 하나는 서남쪽 하늘에 나타났습니다. 이 별들은 국왕을 몹시 놀라게 했습니다. 국왕은 군량과 탄약을 완비시켰습니다. 기병과 보병도 매일 훈련시켰습니다. 사람들은 그 별들 중의 하나가 머리 위에 떨어질 것이라 하여 집 안이나 해안 지대에 사는 사람들은 밤에 불도 켜지 못하도록 했습니다. 모든 사람들은 쌀을 숨겨 놓고 다음 수확 때까지 충분히 먹고 살 수 있는 양식을 준비해 놓았습니다. 이것은 타타르인이 국토를 점령했을 때도 그러한 현상이 일어났고 일본인이 습격해 왔을 때도 그러한 현상이 일어났기 때문이었습니다. 그래서 아직도 거기에 대한 공포심이 남아 있었습니다. 저희들을 만나는 사람마다 그 사람이 신분이 높은 사람이건 아니건, 당신 나라에서는 어떻게 생각하는가 하고 질문을 받았습니다. 저희들은 이것은 천벌이 내린다는 징조인데 흔히 전쟁이 일어나

---

22 혜성 : 살별. 빛나는 긴 꼬리를 끌고 해를 초점으로 하여 타원이나 포물선의 쌍곡선 궤도를 운행하는 천체. 옛날 동양에서는 이 별이 나타나면 불길한 징조로 여겼는데, 이 무렵 혜성이 자주 나타났음.

든가, 흉년이 들든가, 나쁜 병이 유행하게 된다고 말했습니다. 이런 질문에 대해서는 그들도 저희들과 같은 생각을 가지고 있었던 것입니다.

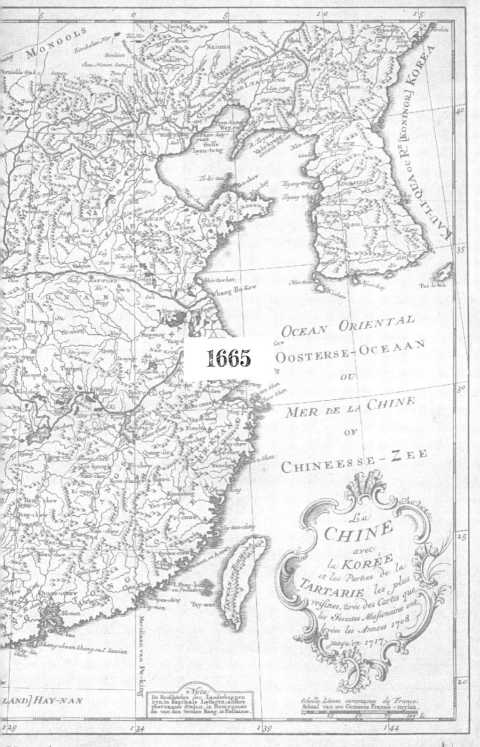

La **CHINE** avec la KORÉE et les Parties de la TARTARIE les plus voisines, tirée des Cartes que les Jesuites Missionaires ont levées les Annees 1708 jusqu'en 1717.

1665

OCEAN ORIENTAL OOSTERSE-OCEAAN ou MER DE LA CHINE of CHINEESSE-ZEE

KORÉA, en de aangrenzende Deelen van **TARTARYE**,
andelingen, Jezuiten, van den Jaare 1708 tot den Jaare 1717.

하멜표류기

이 해도 저희들의 고생은 마찬가지였습니다. 이런 가운데도 저희들은 배를 구하려고 모든 노력을 다했습니다. 그러나 그 시도는 항상 실패했었습니다. 그러다 드디어 저희들은 작은 배를 하나 구했습니다. 그것으로 저희들은 부식물을 구해 오기도 하고, 전능하신 하느님은 언젠가 저희들을 구해 주실 것이라고 믿으며, 기회 있을 때마다 배를 타고 이 섬 저 섬을 찾아다녔습니다.

　저희들과 따로 떨어져 사는 동료들 신세도 저희와 마찬가지였습니다. 그들도 총독의 부임과 전임에 따라 혹은 편안히 살고, 혹은 고생하였습니다. 그들의 총독도 저희들 경우와 같이 혹은 호의적이고 혹은 악의적이었기 때문입니다.

　저희들은 우리가 이교도의 나라에 잡혀 온 불쌍한 포로들이라는 것을 염두에 두고, 일치단결하여 고난을 이겨 나갈 것을 다짐

하며, 그리고 그들 이교도가 저희들을 살려 주고 굶어죽지 않을
만큼 먹여 주는 것을 하느님께 감사할 따름이었습니다.

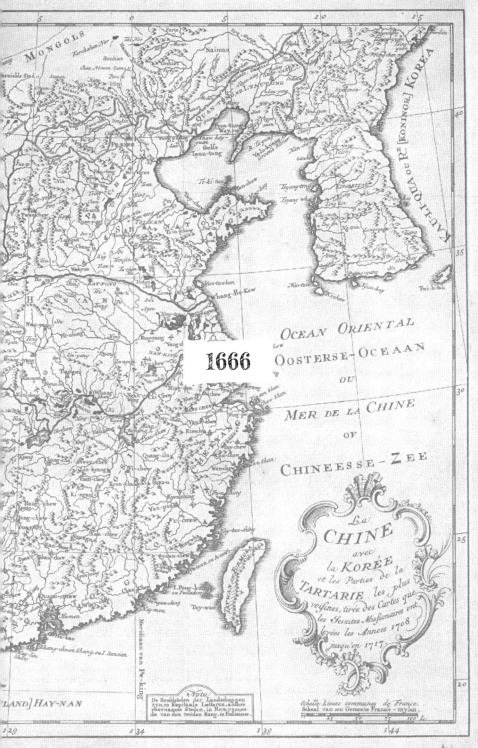

MONGOLS

KOREA [KONINGR] KAI-TI-QUA ou Re [KONINGR] KOREA

OCEAN ORIENTAL
of
OOSTERSE-OCEAAN
ou
MER DE LA CHINE
of
CHINEESSE-ZEE

1666

La
CHINE
avec
la KORÉE
et les Parties de la
TARTARIE les plus
voifines, tirée des Cartes que
les Jesuites Misfionaires ont
levées les Années 1708
jusqu'en 1717.

Echelle Lieues communes de France.
Schaal van 100 Gemeene Franfe - mylen.

LAND] HAY-NAN

KOREA, en de aangrenzende Deelen van TARTARYE,
ndelingen, Jezuiten, van den Jaare 1708 tot den Jaare 1717.

하멜표류기

해가 바뀌자, 저희와 그렇게도 다정했던 친구가 전임하게 되었습니다. 그는 임기가 만료되었기 때문에 더 높은 자리로 영전된 것입니다. 그는 저희에게 임기 동안 많은 우정을 표시해 주었습니다. 또 그는 일반 백성들로부터는 그가 선량했다는 것에 대해, 그리고 국왕이나 고관들로부터는 그가 선정을 베풀고 학식이 높았다는 것에 대해 대단히 존경받았습니다. 그는 마을이나 농가의 주택을 열심히 개량시켜 주었고, 또 해안과 전투용 정크를 잘 정비해 두었습니다. 이러한 것들이 궁에서 높이 평가받아 발탁된 것입니다.

해안 지대에서는 사령관이 오랫동안 공석으로 있을 수 없으며, 따라서 전임자는 후임자가 이곳에 가까이 올 때까지 떠날 수가 없습니다만 점쟁이가 좋다고 하는 손 없는 날에 부임하게 되어 있기 때문에 그가 전임한 사흘 뒤에 신임 제독이 부임해 왔습니다. 그는 저희들에게 앞서 추방되었던 제독처럼 같은 식의 훈련을 시키려고 했습니다만 그의 통치는 오래 계속되지 않았습니다. 그는 저희들에게 매일 벼를 찧게 하려고 했습니다. 저희들은 과거의 제독들은 이런 일은커녕 이와 비슷한 일도 시켜 본 적이 없다는 것, 급료만으로도 충분히 먹고 살 수 있으며, 의복 기타 필수품은 구걸해서도 구할 수 있다는 것, 국왕은 저희들을 이곳에 노동하라고 보낸 것이 아니라는 것, 만일 급료를 줄 수 없다면 자유로이 외출시켜 식량과 의복을 구할 수 있도록 해야 할 것이 아니냐는 것, 그렇게도 못 하겠으면 일본이라든가 그 밖에 동포들이 사는 곳으로 보내 달라는 것과 그 밖에도 여러 이유를 들어 항의했습니다. 그는 아무 대답도 안 하고 물러가라고 하며 차차 질서가 잡혀 나갈 것이라고 말했습니다. 그런데 얼마 뒤 돌발적인 사건이 일어났습니다. 그가 정크를 훈련시키고 있을 때, 포수의 실수로 탄약 상자에 불이 났는데, 탄약 상자는 언제나 돛대 앞에 놓게 되는 법이었으므로 정크의 앞부분이 거의 대파되고, 이 때문에 다섯 명이 죽었습니다. 그는 이 사고를 숨기려고 관찰사에게 알리지 않았습니다만 국왕이 전국 각처에 파견하여 항상 순회하고 있는 암행어사가 즉시 이것을 관찰사에게 보고해 사태는 역효과가 났습니다. 관찰사는 즉시 이 사실을 왕에게 보고했고 제독은 국왕에게 소환되어 90대의 태형을 받고 종신 유형에 처해졌습니다. 이것은 그가 사고를 숨기려고 상사에게 보고하지 않고 처리하려 했기 때문입니다.

7월에 다른 제독이 부임해 왔습니다. 그는 전임자처럼 우리들에게 일을 시키기 위해 매일 저희들에게 1백 발의 길이가 되는 새끼를 꼬라고 했습니다. 이 일을 한다는 것은 도저히 불가능했기 때문에 전임 제독에게 진정했듯이 이번 제독에게도 진정했습니다. 하지만 그는 승낙하기는커녕 오히려 다른 일을 더 시키겠다고 을러댔습니다. 만일 그가 병에 걸리지 않았더라면 사태는 더 악화되었을 것입니다. 저희들은 만일 그가 저희들에게 일을 시키기 시작하면 그의 후임자들은 계속 저희들에게 그런 일을 시킬 것이며, 그렇게 되면 저희들은 노예나 마찬가지 상태가 될 것이라는 것을 깨달았습니다. 그리고 특별히 좋은 제독을 만나기 전까지 저희들은 그들의 졸병과 마찬가지로 활을 들고 활 쏘는 연습을 해야 되는 것입니다. 그래서 그의 임기 중에 구걸하여 되도록 많은 물건을 구하여, 아무리 비싸더라도 배를 살 수 있도록 온갖 노력을 다 했습니다. 그렇지 않으면 앞으로 고생할 것이 뻔했기 때문입니다. 저희들은 이때부터 본격적으로 배를 구하기 위해 온갖 노력을 다하여, 걱정과 슬픔을 안고 이 나라에서 노예 생활하기보다는 한번 모험해 보겠다는 마음을 가지게 된 것입니다. 저희들은 의심이 많은 사람들 때문에 매일 괴로움을 겪었습니다만, 이웃에 사는 친한 조선 사람 중에 매일처럼 저희들에게 와서 술과 음식을 얻어먹고 가는 사람이 있었기 때문에 저희들은 그에게 술대접을 하며, 섬에 같이 가서 솜을 사 오는 데 필요한 배를 살 수 없는가 하고 말을 꺼냈고 구미가 돋게 하기 위해서 배를 타고 솜을 사 올 수 있게 되면 톡톡히 사례하겠다고 약속까지 했습니다. 그는 승낙하여 얼마 뒤에 배를 하나 사 왔습니다. 저희들은 값을 치르고 배를 인수했습니다. 그런데 배를 판 사람은 저희들이 자기 배를 샀다는 것을 알자, 만일 저희들이 그 배를 타고 도망이라도 가는 날이면 자기는 사형될 것임에 틀림없다고 하여 도로 물러 달라는 것이었습니다. 저희들은 거의 갑절 되는 값을 치르고 그를 달랬습니다. 그는 앞으로 닥쳐올 괴로움보다는 돈에 눈이 뒤집혔고 저희들은 겨우 눈앞에 찾아온 기회를 놓치지 않으려고 계약을 서둘렀습니다. 저희들은 즉시 돛이랑 닻 그리고 밧줄이랑 노 따위의 필수품을 준비하고 음력으로 초순께가 날씨가 좋아 이날을 택해 전능하신 하느님을 길잡이삼아 탈주하려고 준비했습니다. 때마침 저희들의 동료인 하급 선의 마테우스 이보켄과 코르넬리스 디르크세가 순천에서 찾아왔습니다. 저희들은 가끔 이런 식으로 오고 가고 했던 것입니다. 저희들이 이 계획을 말했더니 그들도 찬성하여 참가하게 되었습니다. 또 그 도시에 살고 있던 얀 피테르센은 항해술에 능했기 때문에 동료 중의 한 사람이 그에게 만반의 준비가 다 되어 있다는 것을 알리러 갔습니다. 그런데 그 도시에 가 보니 그는 15마일이나 더 멀리 있는 남원의 동료한테 가 있다는 것을 알았습니다. 그가 다시 그곳으로 가서 피테르센을 데리고 오니 나흘 만에 같이 모이게 되었습니다. 이때 그는 왕복 50마일을 걸은 셈입니다. 그리하여 9월 4일에는 모든 준비가 다 되었습니다. 달이 서산에 지고 썰물이 시작되는 때를 골라 닻을 올리고 하느님의 이름을 부르며 출발하기로 하고 이웃 사람들이 눈치 채지 않도록 조심했습니다. 또 저희들은 그날 저녁 모두가 흥분한 가운데 쌀이랑 물 그리고 그 밖의 필요한 물건들을 나르며 달이 지자 성벽을 넘어 배가 있는 데로 노였습니다. 그리고 우선 식수를 더 얻기 위해서 카농 포의 사정거리 정도 떨어져 있는 섬으로 가서 식수를 구하고는 상선이랑 정크 사이를 몰래 지나가야 했습니다. 곧이어 순풍을 만나고 또 썰물에 올라탔습니다. 저희들은 돛을 올려 출항했습니다. 한밤중이 좀 지났을 때 배 한 척이 저희들을 불렀습니다만 감시선일 것이라 생각해서 대답도 하지 않았습니다.

다음 9월 5일은 동이 트자마자 바람이 멎었기 때문에 돛을 내리고 노를 저었습니다. 돛을 내린 것은 그들이 추적해 올 때 발견되지 않도록 하기 위해서였습니다. 정오쯤이 되어 좀 강한 바람이 서쪽에서 불어왔습니다. 저희들은 다시 돛을 올리고 방향은 대체로 동남 방향으로 잡았습니다. 저녁이 되어 강한 바람이 역시 서쪽에서 불어왔기 때문에 조선의 땅이 완전히 멀어졌습니다. 이때서야 비로소 저희들은 다시 잡혀 간다는 공포에서 벗어날 수 있었습니다. 그날 밤은 순풍을 받아 순조로이 앞길을 재촉할 수 있었습니다.

9월 6일 아침
일본 열도의 섬 중 하나가 처음으로 나타났습니다. 뒤에 일본

사람들의 설명에 의하면 저희들은 히라도〔平戸〕근방에 있었다는 것입니다. 그러나 저희들 중에는 한 사람도 일본에 가 본 사람이 없었고 또 조선 사람들로부터도 자세한 말은 듣지 못했으며 단지 나가사키에 가려면 섬을 오른쪽으로 끼고 가면 안 된다고만 들었기 때문에 더 멀리 있는 섬으로 갔습니다. 그 섬은 처음에는 아주 작게 보였는데 얼마 뒤에 그것이 고토〔五島〕라는 것을 알았고, 그리고 그 섬의 서쪽에 도착했습니다.

9월 7일

저희들은 미풍과 변화풍을 받으면서 섬을 따라 항해했는데 섬이 여러 개 겹쳐 있다는 것을 알게 되자 그 섬들의 정면으로 나가려고 했습니다. 저녁이 되어 어떤 작은 섬으로 가서 거기서 닻을 내리려고 했지만, 하늘에서 바람은 아주 강하게 불고 또 섬에서는 많은 횃불이 보였기 때문에 항해를 계속하기로 했습니다.

마침 순풍을 받아 밤새껏 항해했습니다.

9월 8일

저희들은 어제 저녁과 같은 장소에 있다는 것을 알았습니다. 저희들은 조수 관계 때문에 그렇게 되었을 것이라고 생각하고, 바다 멀리 더 저쪽에 있는 섬으로 빨리 가려고 했습니다. 2마일 가량 먼 바다로 나갔을 때에 강한 역풍을 받았기 때문에 낡고 약한 배로서

는 해안을 따라 아늑한 장소를 찾아내기가 아주 힘들었습니다. 바람은 더욱더 강해졌습니다. 12시 반경에 어떤 후미진 곳에 들어가 닻을 내렸습니다. 거기서 밥을 지어 간단한 식사를 했습니다. 이 섬이 어떤 섬인지 통 알 수가 없었습니다. 주민들은 가끔 저희들 옆을 지나갔는데 저희들을 해치려고 하지는 않았습니다. 저녁이 되자 바람은 좀 잔잔해졌습니다. 얼마 뒤에 각각 칼을 두 개씩 찬 여섯 사람을 태운 배가 이쪽을 향해 오고 있었습니다. 그들이 저희들에게 다가오고 있을 때 다른 한 사람은 물굽이의 저쪽 땅에 서 있는 것이 보였습니다. 저희들은 곧 닻을 올리고 도망치려 했습니다만 그 배에게 잡혔습니다. 만일 역풍이 불지 않고, 또 여러 척의 배가 함께 밀려오는 것을 보지 못했으면 저희들은 목창과 죽창으로 대항했을 것입니다. 하지만 다른 한편으로 그들은 일본 사람들같이 보였기 때문에 대항할 필요가 없다고 생각하기도 했습니다. 그들은 저희들에게 어디로 가려고 하는지 소리치기도 하고 손시늉하기도 했기 때문에 저희들은 일본의 섬에 표류했을 때 쓰기 위해서 미리 준비한 오렌지 왕가[23]의 기를 휘두르며 '네덜란드, 나가사키!'라고 소리쳤습니다. 그들이 돛을 내리고 항만으로 다시 돌아오라고 지시했기 때문에 즉시 그 말에 순종했습니다. 그들은

---

23 오렌지(Orange) 왕가 : 당시의 네덜란드 왕실로 현재까지 계속됨. 오란예(Oranje) 가라고도 하는데 독일의 나사우 백작 가문이 15세기에 이 땅을 상속받아 시작되었음.

저희들 배에 올라타더니 키가 있는 쪽에 앉아 있던 동료를 그들의 배로 연행해 갔습니다. 그러더니 그들은 저희 배에 굵은 밧줄이 달린 닻을 매달고 감시선으로 엄중히 감시했습니다. 그들은 앞서 연행한 사람 외에 또 한 사람을 연행하여 상륙시키더니 신문했습니다만 서로 말이 통하지 않았습니다. 땅에서는 사람들이 떠들어대고 있는데 사람들은 누구나 한 개 내지 두 개의 칼을 차고 있는 것 같았습니다. 저희들은 서로 슬프게 마주 보며 이제는 잡혔다고 체념했습니다. 그들은 나가사키 쪽을 가리키며 거기에는 우리나라 사람과 배가 있느냐고 물으며 손시늉으로 의사를 표시하려 했습니다. 그들은 이렇게 함으로써 저희들에게 안도감을 주기는 했습니다만 저희들을 의심하지 않는 것은 아니었습니다.

밤이 되자 큰 배가 입항해서 저희들을 그 배에 태웠습니다. 나중에 나가사키에서 들은 바에 의하면, 그 배에는 이 열도(列島)에서 셋째 가는 권력자가 타고 있었다고 합니다. 그는 저희들이 네덜란드인임에 틀림없다고 말하며 나가사키에 가면 다섯 척의 네덜란드 배가 있는데 4, 5일 내로 그쪽에 가게 될 것이라고 손시늉으로 설명해 주었습니다. 그리고 이곳은 고토 열도이며 주민들은 일본 사람이고, 황제의 지배를 받고 있는 곳이란 말을 듣고 저희들은 마음을 푹 놓았습니다. 그들은 저희들이 어디서 왔느냐고 손짓으로 물었기 때문에 저희들은 역시 손짓으로 되도록 상세하게 어디서 왔는지 설명했습니다. 즉 저희들은 조선에서 왔으며 13년 전에 배가 난파당했는데 지금은 동포가 있는 나가사키로 가려고 한다고 설명했던 것입니다.

이때쯤부터 저희들은 안심하기 시작했습니다만 아직 공포심은 남아 있었습니다. 그 까닭은 조선 사람들이 저희들에게 말한 바에 의하면, 일본의 섬에 표류한 사람들은 반드시 죽게 된다고 했으며, 또 저희들은 낯선 바다를 40마일이나 낡고 약한 배를 타고 항해하다가 막 상륙한 참이었기 때문입니다.

9월 10~11일

정박한 배 위에서 살았는데 앞에서 말한 바와 같이 배 위에서도 육지에서도 엄중한 감시를 받았습니다. 그들은 저희들에게 부식과 물, 땔나무 그 밖의 필수품을 주었고, 또 비가 많이 오기 시작하자 가마니로 지붕을 만들어 주었습니다.

9월 12일

저희들은 나가사키로 갈 만반의 준비가 되었습니다. 저희들은 정오에 닻을 올리고 저녁에 어떤 섬에 도착하여 마을의 바로 앞에 정박했습니다. 저희들은 그날 밤 거기서 잤습니다.

9월 13일

동이 트자 앞에서 말씀드린 제3의 권력자는 황제가 사는 수도로 보내는 몇 통의 편지와 물건을 가지고 작은 배를 타더니 이곳을 떠났습니다. 곧 이어 저희들 배는 닻을 올리고 두 척의 큰 배와 두 척의 작은 배가 선단을 이루어 출발했습니다. 육지로 연행되어 갔던 두 사람은 큰 배에 타고 갔는데 저희들과는 나가사키에 가서 합류했습니다. 저희들은 저녁때에 항구의 어귀에 도착하고 한밤중에 나가사키 항구에 정박했습니다. 저희들은 앞에서 들은 바와 같이 거기에서 다섯 척의 네덜란드 배를 보았습니다.

고토의 주민들과 고관들은 모든 호의를 다 베풀면서도 저희들에게 아무것도 요청하지 않았습니다. 저희들은 아무것도 가지고 있는 것이 없었기 때문에 달리 사례할 것이 없어 쌀을 좀 주려고 했습니다만 그들은 사양했습니다.

9월 14일

저희들은 전원 상륙했습니다. 그리고 회사의 통역으로부터 환영을 받았습니다. 그는 저희들에게 여러 가지 물었습니다. 그리고 그 말은 일본 사람들에 의해 기록되고 일본의 부교(奉行)[24]에게 제출되었습니다. 정오쯤 해서 저희들은 부교 앞에 호출되었습니다. 그는 저희들에게 질문하고 저희들은 대답했는데, 그 내용은 다음에 적은 바와 같습니다. 그는 저희들이 자유를 찾아 이렇게 큰 바

---

24 부교 : 일본에서 행정 사무를 담당하는 무사(武士).

다를 이토록 작고 낡은데다 그리고 약한 배로 모험을 무릅쓰고 항해한 것을 칭찬해 주면서 통역한테 저희들을 데지마(出島)의 상관장(商館長)에게 데리고 가라고 명령했습니다. 거기에 도착하니 상관장 빌렘 폴겔 각하, 차석인 니콜라스 데 로메이 각하 및 그 자리에 있던 사원들로부터 뜨거운 대접을 받고 다시 네덜란드식의 옷을 입게 되었습니다. 저희들은 모두 전능하신 하느님에 대해서, 행운을 내려 주신 그의 은총과 살아남을 수 있도록 건강을 주신 데 대해서 눈물로 감사의 기도를 올렸습니다. 저희들은 13년 28일 동안 슬픔 속에 목숨을 잃을 뻔했던 유폐 생활에서 저희들을 구해 주신 하느님에 대해서 더 적절한 감사의 말을 몰랐습니다. 그리고 아직도 그 땅에 살고 있는 8명의 동료에 대해서도 같은 은총을 내리시어 동포 곁에 오게 해 주도록 기도했습니다. 전능하신 하느님께서는 그들에게도 구조의 손길을 내려 주실 것입니다.

10월 1일

폴겔 각하는 데지마를 떠나 9월 23일 7척의 배를 거느리고 출발했습니다. 저희들은 이 배를 슬픔 속에서 전송했습니다. 그 까닭은 그때까지 저희들은 각하와 같이 바타비아[25]로 가게 되는 줄로만 알고 있었는데, 나가사키 부교(長崎奉行)의 명령으로 1년 더

25 바타비아(Batavia) : 인도네시아의 수도 자카르타를 네덜란드 통치 때 부르던 이름.

남아 있어야 했기 때문입니다.

10월 25일

데지마의 통역으로부터 연락이 왔기 때문에 저희들은 다시 부교 앞으로 호출되었습니다. 그는 앞에서 질문한 내용의 것을 저희들 한 사람 한 사람에게 다시 질문하고 저희들은 그전처럼 대답했습니다. 저희들은 다시 통역의 인솔로 데지마에 돌아왔습니다.

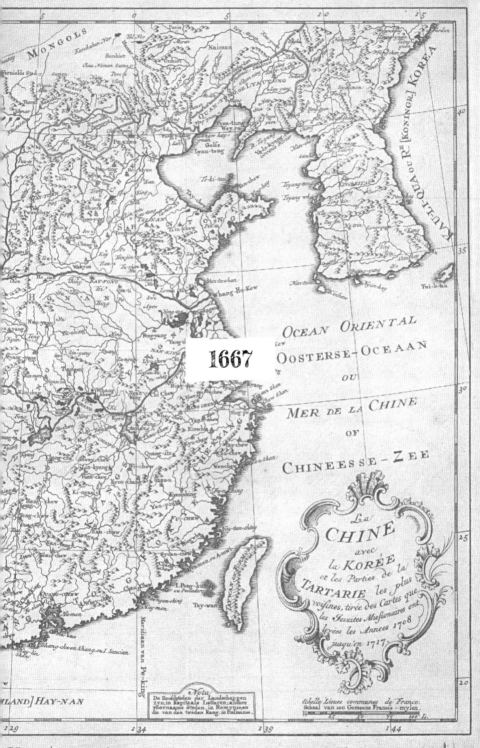

La
CHINE
avec
la KORÉE
et les Parties de la
TARTARIE les plus
voisines, tirée des Cartes que
les Jesuites Misfionaires ont
levées les Années 1708
jusqu'en 1717.

OCEAN ORIENTAL

OOSTERSE-OCEAAN

ou

MER DE LA CHINE

of

CHINEESSE-ZEE

1667

하멜표류기

10월 23일

정오경에 신임 부교의 부임과 함께 출국이 허락되었습니다. 저희들은 저녁에 스프레우호를 타고 비테레우호와 선단을 이루어 출발하게 되었습니다.

10월 25일

동이 트자 저희들은 나가사키를 출발했습니다.

11월 21일

바타비아에 도착했습니다. 저희들은 하느님께, 14년 동안의 슬픔과 고생 끝에 그의 은총으로 말미암아 이교도의 손에서 벗어나 다시 많은 동포들이 있는 곳으로 오게 된 것을 마음으로부터 감사하며 기도를 올렸습니다.

저희들은 총독 각하의 환영을 받았습니다. 저희들은 저희들 신상에 관하여 일어났던 일들을 보고하고 일지를 제출했습니다. 그는 다시 저희들을 환영해 주었고 귀국할 수 있도록 허가해 주었습니다. 저희들은 1667년 12월 28일 바타비아를 출발하여 1668년 7월 20일 암스테르담에 도착했습니다. 저희들은 다시 하느님께 감사의 기도를 올렸습니다.

나가사키 부교의 질문과
우리들의 답변

하멜표류기

너희들은 어느 나라 사람이며, 또 어디서 왔는가.

우리들은 네덜란드 사람으로서, 조선에서 왔습니다.

너희들은 무슨 까닭으로 갔으며, 타고 간 배의 이름은 무엇인가.

1653년 8월 16일 스페르베르호를 타고 갔으며, 5일간 계속된 폭풍우 끝에 난파된 것입니다.

배가 난파된 곳은 어디며 승무원은 몇 명 있었고, 또 대포는 몇 문 있었는가.

우리들은 켈파르트라 부르고 조선인들은 제주(濟州)라고 부르는 곳에서 난파됐고, 승무원은 64명, 대포는 30문이었습니다.

켈파르트 섬은 본토에서 얼마나 멀며, 또 그 섬의 사정은 어떠한가.

본토의 남쪽으로 10 내지 12마일 가량 떨어진 곳에 있으며 인구는 대단히 많고 식량은 풍부합니다. 주위는 약 15마일 가량 됩니다.

너희들은 그 배를 타고 어디서 왔는가, 또 다른 곳에 들른 적이 있는가.
우리들은 같은 해 6월 18일에 바타비아로부터 타이요완을 향해 떠났는데, 이곳의 장관인 니콜라스 펠부르호 각하와 교대할 코르넬리스 카세르 각하를 태우고 갔습니다.

실은 짐은 무엇이며, 그것을 싣고 어디로 가려고 했는가, 또 누가 그 당시 이곳의 상관장이었는가.
우리들은 타이요완을 떠나 일본으로 가려고 했으며 실은 짐은 사슴 가죽, 설탕, 침향 등등입니다. 또 코이엣 각하가 그 당시의 상관장이었습니다.

승무원과 물건 및 대포는 어느 정도 구조되었는가.
18명의 승무원이 죽었고 물건과 대포는 다 없어졌는데 변변치 않은 물건을 몇 개 건져 냈습니다. 그 물건은 어떻게 처리했는지 알지 못합니다.

배가 난파당한 다음에 조선 사람들은 너희들을 어떻게 했는가.
우리들은 감옥에 들어갔으나 친절한 대우를 받았으며, 그들은 우리들에게 음식물을 주었습니다.

너희들은 중국이나 그 밖에 다른 나라의 정크를 나포하거나 중국의 해안 지대를 약탈하라는 명령을 받았는가.

일본으로 직행할 명령만 받았습니다. 조선에는 표류되었기 때문에 갔던 것입니다.

너희들은 그리스도교인 혹은 네덜란드 국민 외의 사람을 태웠는가.

회사 사람들뿐입니다.

너희들은 그 섬에 얼마나 있었는가, 그리고 그 다음에 어디로 갔는가.

약 10개월간 머물러 있다가 국왕이 사는 궁으로 불려갔습니다. 국왕의 궁은 서울에 있습니다.

제주에서 서울까지는 얼마나 먼가, 또 너희들은 며칠이나 여행했는가.

제주도는 앞에서도 말한 바와 같이 본토에서 10 혹은 12마일 되는 곳에 있습니다. 그 다음에 우리들은 말을 타고 14일간 여행했습니다. 육로와 수로를 합해서 약 90마일 되는 곳에 있습니다.

너희들은 서울에서 얼마나 살았는가, 그 동안 무엇을 했으며 또 국왕은 급료로서 무엇을 주었는가.

우리들은 그들의 관습에 따라 3년간 그곳에 있었으며, 사령관의 호위병으로 고용되었고, 각자 월 70근의 쌀을 급료로 받는데 그 밖에 약간의 의복도 받았습니다.

무엇 때문에 국왕은 너희들을 서울에서 내보냈는가, 또 어디로 갔는가.
우리들 중의 일등 항해사와 또 한 사람이 타타르인에게 뛰어가서
중국을 통해 고국으로 가려고 하다가 실패했기 때문에 우리들은
전라도로 추방된 것입니다.

타타르인에게 갔던 동료들은 어떻게 되었는가.
그들은 즉시 감옥에 들어갔습니다. 그들이 살해되었는지 또는 죽
었는지 우리들은 자세한 것은 모릅니다.

너희는 조선 나라가 얼마나 큰지 아는가.
조선은 우리들의 생각으로는 남북으로 약 140 혹은 150마일이고,
동서의 폭은 7, 80마일입니다. 그 나라는 8개의 도(道)와 3백 60개
의 도시로 되어 있으며 그 밖에 크고 작은 많은 섬이 있습니다.

너희는 그곳에서 그리스도교인 혹은 그 밖의 외국인을 만난 적이 있는가.
네덜란드 사람 얀 얀세뿐입니다. 그는 1627년 야하트 선으로 타
이요완에서 일본으로 가는 도중 폭풍을 만나 표류하다가 식수를
얻으려고 보트로 상륙했는데, 그때 그 나라 사람들에게 동료 두
사람과 같이 체포되었습니다. 그러나 동료 두 사람은 타타르인이

그 나라를 점령했을 때 전사했습니다. 그 밖에 중국인이 몇 사람 있었는데 그들은 전쟁을 피해 그 나라에서 온 사람들입니다.

그 안 안세는 아직도 살아 있는가, 또 그는 어디에 살고 있는가.
그가 살아 있는지 어떤지는 확실히 모릅니다. 그와는 근 10년 동안 만나지 못했습니다. 또 그는 궁에서 일하고 있었는데, 그가 죽었다는 사람도 있고 살아 있다는 사람도 있습니다.

그 나라의 총과 무기는 어떻게 생겼는가.
그들의 총은 화승총이며 그 밖에 칼, 활 그리고 약간의 작은 대포를 가지고 있습니다.

조선에는 성이나 성채가 있는가.
도시는 거의 무장되어 있지 않으며, 산에는 여러 개의 성이 있는데, 그들은 전쟁이 일어나면 여기로 피난 갑니다. 거기에는 언제나 3년분의 식량이 있습니다.

그들은 군함이 있는가.
각 도시는 각각 한 척의 군함을 가져야 하는데 그 군함에는 군인과 노를 젓는 사람이 합해서 2, 3백 명 타고 있고 몇 개의 작은 대포가 있습니다.

사람들은 전쟁을 하고 있는가, 또는 어떤 나라에 공물을 바치고 있는가.
사람들은 전쟁을 하고 있지 않습니다. 타타르인은 1년에 두세 번 공물을 받으러 옵니다. 또 일본에도 공물을 바치고 있는데 얼마나 보내는지는 모릅니다.

그들은 무엇을 신앙하고 있는가, 또 너희들에게 개종하라고 강요한 적이 있는가.
우리들이 보기에는 그들은 중국과 같은 신앙을 가지고 있습니다. 그들은 종교를 강요하지 않았으며 각자의 생각에 맡깁니다.

그들은 많은 절과 우상을 가지고 있는가, 그리고 어떻게 예배하는가.
산 속에는 많은 사찰과 수도원이 있고 그 안에 많은 우상이 있는데 우리들이 보기에는 중국식으로 예배하고 있습니다.

승려는 많이 있는가, 또 그들은 어떻게 머리를 깎으며 어떤 옷을 입고 있는가.
승려들은 상당히 많이 있습니다. 그들은 식량을 노동의 대가로 얻어야만 합니다. 그들의 머리 깎는 식과 옷은 일본의 승려와 같습니다.

고관이나 일반 사람들은 어떤 옷을 입고 있는가.

대부분의 사람들은 중국식의 옷을 입고 있습니다. 또 말이나 소의 털 혹은 참대로 만든 모자를 쓰고 있으며 신과 양말을 신습니다.

쌀이나 그 밖의 곡식은 많이 생산되는가.

비가 많이 온 해에 남부 지방에서는 쌀과 그 밖에도 많은 곡식이 나옵니다. 그 까닭은 비가 많이 오고 적게 오고에 따라 수확량이 다르기 때문입니다. 비가 오지 않는 해에는 대기근이 듭니다. 그리고 1660년, 1661년, 1662년 때처럼 몇천 명이나 되는 사람이 굶어 죽을 때도 있습니다. 이 나라에서는 또 목화가 많이 생산됩니다. 북부 지방에서는 보리를 먹어야 합니다. 이유는 그 고장에서는 추위 때문에 벼가 자라지 않기 때문입니다.

소나 말은 많이 있는가.

말은 많이 있습니다. 소는 근래 2, 3년 동안 전염병 때문에 많이 줄어들었으며 아직도 그렇습니다.

조선에서는 외국 사람이 와서 무역을 하는가, 또 어디서 하는가.

일본 사람 외에는 무역을 하지 않습니다. 일본 사람은 그 나라에 상관을 가지고 있습니다. 또 그들은 중국의 북부 지방과 북경에서 무역하고 있습니다.

너희들은 일본의 상관에 간 적이 있는가.

그것은 금지되어 있었습니다.

그들은 무엇을 가지고 상거래를 하는가.

서울에서 고관들은 흔히 은을 가지고 상거래를 합니다. 그러나 일반 사람들은 다른 도시에서도 마찬가지입니다만, 무명이나 쌀, 그 밖의 곡식을 가지고 거래합니다.

그들은 중국과 어떤 무역을 하는가.

그들은 중국에 인삼이나 은, 그 밖에 그릇을 가지고 가서, 명주 따위의 여기 일본에서 보는 것과 같은 것을 사 옵니다.

은광(銀鑛)이나 그 밖의 광산은 많이 있는가.

꽤 오래 전부터 은광이 개발되었으며, 국왕이 그 4분의 1을 차지합니다. 그러나 다른 광산에 대해서는 아직 들어 본 바가 없습니다.

그들은 어떻게 인삼을 생산하며, 그것을 무엇에 쓰며, 어디로 수출하는가.

인삼은 북부 지방에서 생산되며, 약으로 사용됩니다. 매년 타타르 인에게 공물로 보내지는데, 상인들 손에 의해서 중국과 일본에도 수출됩니다.

중국과 조선 사이가 붙어 있는지 떨어져 있는지에 관해서 들어 본 적이 있는가.

그들의 말에 의하면 두 나라는 큰 산맥으로 연결되어 있는데, 이곳은 겨울에는 추위 때문에 그리고 여름은 맹수 때문에 여행하기는 위험합니다. 그 때문에 대부분의 사람들은 수로(水路)를 택하든가 겨울에는 얼음을 넘어 건너갑니다.

조선에서 총독의 임명은 어떻게 하는가.

각 도(道)의 태수(太守)는 매년, 그리고 보통의 총독은 3년마다 교대됩니다.

전라도에서 너희들은 얼마나 오래 살았는가. 그리고 식량과 옷은 어디서 구했는가, 그 나라에서 몇 명 죽었는가.

우리들은 병사(兵使)가 살고 있는 도시에서 7년간 같이 살았습니다. 그들은 우리들에게 매달 50근의 쌀을 주었으며 옷과 부식물들은 착한 사람들의 도움을 받아야 했습니다. 그 동안에 열한 명 죽었습니다.

너희들은 왜 다른 고장으로 가게 되었는가, 그곳은 어딘가.

1660년, 1661년, 1662년에는 비가 조금도 오지 않았기 때문에 그 고장에서는 우리들의 식량을 댈 수 없어서, 국왕은 1662년에 우리들을 세 군데, 즉 절도사 영에 12명, 순천에 5명, 남원에 5명, 이렇게 분산시켰습니다. 이들 도시들은 모두 전라도 안에 있습니다.

전라도는 얼마나 큰 곳이며, 어디에 있는가.
그것은 조선의 남부에 있는 도(道)로서 52개의 도시가 있습니다. 이 도는 전국에서 인구가 제일 많은 곳이며, 또 다른 도보다도 뛰어나게 식량이 많이 생산됩니다.

국왕은 너희들을 석방했는가, 그렇지 않으면 너희들이 탈주했는가.
우리들은 국왕이 우리들을 석방하지 않을 것임을 잘 알고 있었기 때문에, 눈치를 보고 8명이 탈주하기로 결심했습니다. 그 이유는 외국 땅에서 불안하게 사는 것보다는 차라리 죽어 버리는 것이 낫다고 생각했기 때문입니다.

너희들은 그때에 몇 명 남아 있었는가, 또 다른 사람에게 탈주 계획을 알려 주었는가.
그때 16명이 남아 있었습니다. 탈주 계획을 다른 사람에게 알리지 않았습니다.

왜 알리지 않았는가.
같이 올 수가 없었기 때문입니다. 그 이유는 초하루와 보름날에는 각자의 총독한테 가야했으며, 또 외출하는 데는 순번을 정해 놓고 허가를 받아야 했기 때문입니다.

그들을 일본으로 데리고 올 수 있다고 생각하는가.

일본의 황제가 조선의 국왕에게 편지를 써서 부탁하면 올 수 있다고 생각합니다. 그 이유는 일본 황제가 매년 난파된 조선 사람들을 보내 주니까, 국왕이 부탁을 하면 거절하지 못할 것이기 때문입니다.

너희들은 이 밖에도 탈주한 적이 있는가.

이번이 세 번째입니다. 두 번 실패한 이유는 다음과 같습니다. 첫 번째는 켈파르트 섬에서였는데, 배를 조종할 줄 몰라 마스트를 두 번씩이나 자빠뜨렸기 때문이었고, 두 번째는 서울에서 타타르인에게 호소했을 때는 그 사절이 국왕에게 매수되었기 때문에 실패했습니다.

너희들은 국왕에게 석방시켜 달라고 간청한 적이 있는가, 또 국왕은 왜 거절했는가.

우리들은 여러 번 국왕이나 왕국 고문관들에게 부탁했습니다만, 언제나 다른 나라에게 자기 나라 사정을 알리고 싶지 않기 때문에 외국 사람을 귀국시킬 수 없다는 대답뿐이었습니다.

너희들은 어떻게 배를 구했는가.

우리들은 구걸해서 많은 물건을 저축했는데, 그 물건으로 배를 사들였습니다.

너희들은 그 밖에도 배를 가져 본 적이 있는가.

이것이 세 번째 배로서, 다른 배들은 우리를 태우고 일본으로 탈주하기에는 너무나 작았습니다.

너희들은 어디로부터 도망해 왔는가.

우리들은 수군절도사 영에서 탈주해 왔는데 그곳에서 우리들 다섯 명이 살고 있었고, 다른 세 사람은 순천에 살고 있었습니다.

그곳은 얼마나 먼 곳이며, 또 항해하는 데 며칠이나 걸렸는가.

수군절도사 영에서 저희들 생각으로는 약 50마일 되는 곳입니다. 저희들은 고토에 도착하기까지 사흘 걸렸으며, 고토에 나흘 동안 있다가 여기까지 이틀 걸렸습니다. 따라서 9일 걸린 셈입니다.

너희들은 왜 고토에 도착했는가, 또 우리들이 갔을 때, 왜 도망치려고 했는가.

폭풍 때문에 할 수 없이 들렀던 것이며, 날씨가 좋아지면 나가사키로 항해를 계속하려 했던 것입니다.

고토의 주민들은 너희들을 어떻게 다루었으며, 또 잘 대접해 주었는가, 또 그들은 그 대가로서 무엇인가 요구하거나 빼앗은 적이 있었는가.

그들은 우리들 동료 중의 두 사람을 육지로 연행해 갔을 뿐, 우리들에게 고마운 일만 해 주었으며, 그 대가로 아무것도 요구하지 않았습니다. 또 빼앗아 간 것도 없습니다.

너희들 중에 일본에 와 본 사람이 있는가, 그렇지 않으면 어떻게 그렇게 항로를 잘 아는가.

누구도 와 본 사람은 없습니다. 항로는 나가사키로 와 본 경험이 있는 조선 사람으로부터 들었습니다. 그리고 침로(針路)는 우리들 중의 타수(舵手)가 주워들은 말이 있었기 때문에 그 말을 따랐습니다.

아직도 그곳에 남아 있는 사람들의 이름, 연령과 항해할 당시의 임무 및 현재의 거주지는 어디인가.

요하네시 람펜 조수 36세, 헨드릭 코르넬리스 갑판원 37세, 얀 클라센 요리사 49세, 이상은 남원에 살고 있습니다. 야코프 얀세 조타수 47세, 안토네이 울데릭 포수 32세, 클라스 아렌센 급사 27세, 이상은 순천에 살고 있습니다. 산데르트 바스켓 포수 41세, 얀 얀세 스펠트 하급 수부장 35세입니다.

너희들의 이름, 연령 및 항해 당시의 임무는 무엇인가.

헨드릭 하멜 서기 36세, 고베르트 더네이센 조타수 47세, 마테우스 이보켄 하급선의 32세, 얀 피테르센 포수 36세, 헤르트 얀센 포수 32세, 코르넬리스 디르크세 수부 31세, 베네딕투스 클레르크 급사 27세, 데니스 호베르첸 급사 25세입니다.

1666년 9월 14일에 저희들은 이상과 같은 질문을 받았고 또 이상과 같은 대답을 했습니다.

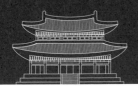 # 조선국에 관한 기술

하멜표류기

이 나라를 저희들은 '코레', 그들은 '조선'이라고 부르며 북위 34도 반에서 44도 사이에 위치하고 있습니다. 남북의 길이는 대강 140 혹은 150마일, 동서의 폭은 약 70 혹은 75마일이며 그들은 나뭇잎 모양으로 자기들 국토를 그립니다. 그 나라 해안은 들쭉날쭉 돌출부가 많습니다. 국토는 여덟 개의 도(道)와 3백 60개의 도읍으로 나누어지고 그 밖에 산에는 성채, 해안에는 진(鎭)이 있습니다. 또 이 나라 바다에는 암초와 얕은 곳이 많아 지리를 모르는 사람이 항해하기에는 매우 위험합니다. 이 나라에는 인구가 많고 풍년일 때는 자급자족할 수 있습니다. 이곳에는 쌀과 곡식 그리고 목화가 많이 재배되는데 특히 남부가 그러합니다.

 이 나라의 동남 방향에는 일본이 있는데, 제일 가까운 곳, 즉 부산에서 오사카까지는 약 25~16마일이고 그 중간에 쓰시마 즉 그들이 대마도(對馬島)라 부르는 섬이 있습니다. 이 섬은 처음에는 조선에 속해 있었는데 그 옛날의 전쟁 때에 조약으로 일본 땅이 되고, 조선은 그 대신 제주도를 얻었다고 합니다.

서쪽은 중국, 즉 남경만(南京灣)이 있고 북으로는 아주 높은 산으로 해서 중국의 제일 북쪽의 주(州)와 연결되어 있습니다. 북쪽만 제외하면 이 나라는 섬이라 해도 좋을 정도입니다. 이 나라의 동북쪽도 넓은 바다가 있기 때문입니다. 이 바다에서는 매년 네덜란드인이나 그 밖의 유럽인들의 작살에 찔린 고래가 몇 마리씩 발견됩니다. 또 12월, 1월, 2월에는 청어가 많이 잡힙니다. 처음 2개월 동안에 잡히는 청어는 저희들 네덜란드의 것과 크기가 비슷비슷하지만 마지막 2개월 동안에 잡히는 것은 좀 작으며, 저희들이 프라이해서 먹는 청어와 크기가 비슷합니다. 그러니까 조선과 일본 사이에는 바이가치 섬으로 통하는 수로가 있을 것입니다. 저희들은 동북 방면을 항해해 본 적이 있는 조선의 뱃사람들에게 여러 번 동북 방면에 육지가 있는지 없는지를 알아보았는데 바다 말고는 아무것도 없다고 합니다.

조선에서 중국으로 갈 때는 황해(黃海)의 제일 좁은 곳을 택합니다. 그 이유는 육로로 가려면, 겨울은 추위 때문에, 여름은 맹수들 때문에 산을 넘기가 아주 위험하기 때문입니다. 겨울이 되면 강이 얼어서 그 위를 걸어서 건널 수 있습니다. 이곳에는 강이 자주 얼고 눈도 많이 오기 때문에 저희들이 1662년의 겨울에 산중의 어떤 절에 갔을 때는, 집이건 나무건 모두 눈에 덮이게 되자 집과 집

사이에 눈을 뚫고 굴을 파 놓은 것을 본 적이 있습니다. 또 이곳 주민들은 산을 오르거나 내리거나 할 때는 발에다 작은 나무 도막을 묶어서 눈에 빠지지 않도록 한다는 것도 알고 있습니다. 이 지방 사람들은 보리나 귀리 같은 곡식으로 살아갑니다. 그들은 추위 때문에 쌀이나 목화 같은 것은 재배하지 못하고, 그러한 물건은 거의 남쪽에서 가져옵니다. 따라서 일반 주민들의 의복이나 식사는 매우 나쁘며 대부분의 사람들은 베나 털옷을 입고 있습니다. 이 나라에서는 인삼이 많이 산출되는데, 이것은 공물로서 타타르에 보내지기도 하고 중국이나 일본에 팔기도 합니다.

국왕의 권위에 대하여

이 나라는 타타르인의 지배하에 있다고는 하지만, 국왕의 권위는 절대적입니다. 국왕은 자기 마음대로 나라를 통치하며, 국왕 고문관의 의견에 따라야 한다는 법은 없었습니다. 그들 사이에는 영주(領主), 즉 도시나 섬, 마을을 영유하는 사람이 없습니다. 고관들은 그들의 수입을 농지와 노예로부터 얻고 있는데 저는 2, 3천 명의 노예를 소유하고 있는 고관을 본 적도 있습니다. 또 그들은 몇 개의 섬이나 영지를 국왕으로부터 지급받고 있는데, 그들이 사망하면 곧 나라에 반환해야 합니다.

기병 및 보병의 장비에 대하여

서울에는 몇천 명의 기병과 보병이 있어 나라에서 봉록을 받으면서 왕궁을 경비하고 국왕이 행차할 때는 이를 수행합니다. 자유민은 7년마다 서울에서 경비의 임무를 맡아야 하는데 그때 각 지방 장관은 1년간의 기한으로 군대를 제공해 주어야 합니다. 이것은 각 지방의 순번으로 돌아옵니다.

각 주에는 사령관(觀察使)이 있는데 그 밑에 3, 4명의 부대장이 있습니다. 마을을 실제로 통치하는 자는 이 부대장 밑에 소속되어 있는 대장들입니다. 마을의 각 구역을 관찰하는 것은 상급 하사관이고 그 밑에 하급 하사관이 있습니다. 그들은 항상 자기 부하들의 이름을 기록하고 있어, 매년 상관에게 보고해야 합니다. 그래서 국왕은 필요할 때 동원할 수 있는 기병과 보병이 얼마나 있는가를 언제나 알 수 있도록 되어 있습니다. 기병의 무장은 갑옷, 투구, 칼, 활 그리고 창으로 되어 있고, 보병은 철편(鐵片)이나 동물의 뿔로 만든 갑옷이나 투구를 쓰고 화승총, 칼, 창을 소지합니다. 장교는 활을 가집니다. 보병들은 각자의 부담으로 50발분의 화약과 총알을 가져야만 합니다. 그렇지 않으면 매를 맞습니다. 저희들이 서울에 있을 때에도 그런 일이 있었는데, 각자가 바지를 벗고 볼기를 다섯 대씩 맞았습니다. 각 도시는 관할 구역 내에 있는 사찰에 대해서 교대로 산정에 있는 성채를 유지시킬 비용을 부담

케 합니다. 또 그들은 유사시에는 군인으로 징병되기 때문에 칼이
나 활을 가지고 있습니다. 그들은 승려의 두목 밑에 소속됩니다.
두목은 그들의 성명을 기입해 두기 때문에 국왕은 자유민과 승려
가 얼마나 있으며 어느 정도의 군인(從卒) 및 노무자가 군역에 종
사하고 있는지를 언제나 알 수 있습니다. 그들은 60세가 되면 군
역의 의무에서 벗어나는데, 그때에는 그의 아들이 이를 대신해야
합니다. 국왕을 모시는 귀족, 혹은 국왕을 모시던 귀족이나 노예
는 세금을 바칠 뿐입니다. 노예의 수는 전 국민의 반 이상이 됩니
다. 그 이유는 자유민과 노예, 또는 자유민과 부인과 노예 사이에
태어난 아이들은 모두 노예로 인정되기 때문입니다. 노예와 노예
사이에 태어난 아이들은 그 여자 노예의 주인에게 소속됩니다.

　각 도시는 해상에 각 1천씩의 전투용 정크와 그 승무원 및 무기
기타 부속품을 준비해야만 합니다. 이들 정크선에는 20~34개의
노가 있으며, 각 노에 5, 6명씩 배치됩니다. 군인과 조타수를 합
해 2, 3백 명이 타게 되며 꽤 많은 대포와 많은 총으로 무장합니
다. 각 주에는 각각 제독이 있어 매년 그들 정크를 훈련시킵니다.
사령장관도 이런 일을 합니다. 만일 제독이나 함장이 어떤 과실을
범했을 때에는 그때그때의 사정에 따라 전임, 추방 혹은 사형을
당합니다. 이런 일은 1666년에 저희들의 제독도 그랬습니다.

왕국 고문관 및 고급·하급 관리에 대하여

왕국 고문관은 국왕의 고문이라 해도 좋은데, 매일 왕궁에 등청하여 모든 사건을 국왕에게 보고합니다. 그러나 그들은 어떠한 문제라 하더라도 왕에게 강요할 수는 없으며 단지 충고와 행동으로만 보좌할 뿐입니다. 그들은 국왕 다음으로 존경받는 사람들로서 면직되지만 않으면 평생 혹은 80세까지 복무할 수 있습니다. 이런 일은 왕궁에서 근무하는 다른 고관들도 마찬가지입니다. 관찰사는 매년, 그 밖의 고급·하급 관리들은 3년마다 교체되는데 대부분의 관리들은 자신이 저지른 과오로 인해 임기 도중에 파면되기 때문에 임기를 마치는 일이 거의 없습니다. 국왕은 항상 모든 곳에 정탐군을 보내어 국정에 관한 유익한 정보를 얻으려고 하고 있습니다. 따라서 관리들은 흔히 사형 혹은 종신형에 처해지는 것입니다.

국왕·귀족의 수입 및 지방세에 대하여

국왕은 그의 수입을 농산물과 수산물의 징수에 의존합니다. 국왕은 모든 도시와 마을에 창고를 가지고 있으며 수확, 즉 그의 수입을 그곳에 바치도록 합니다. 그리고 그것은 1년에 10퍼센트의 이자로 평민에게 대출합니다. 평민은 수확이 있으면 우선 이것부터 갚아야 합니다. 귀족들은 앞에서도 말씀드린 바와 같이 자기의 재산으로 생활합니다. 병역에 종사하는 군인은 국왕으로부터 받는 녹봉으로 생활합니다. 각 도시는 수입을 그 지방의 토지세로써 충당합니다. 이것은 총독(즉 지방장관), 관리 및 그 지방 관청의 경비로 충당됩니다. 자유민으로서 병역을 복무하지 않은 사람은 의무적으로 3개월간 부역에 나가지 않으면 안 됩니다. 그들은 국가를 유지하기 위해서 필요한 여러 가지 일을 합니다. 지방에 있는 기병이나 보병들은 서울에 불려 간 기병과 보병의 비용을 충당하기 위해 세 필의 포목을 내야 합니다. 모든 평민들에게 부과되는 공물이 그들에게는 부과되지 않습니다.

중죄와 그 형벌에 대하여

국왕에게 반항한 사람과 이 왕국을 배반한 사람은 그 일가친척까지 모두 사형을 당합니다. 그들의 집은 주춧돌에 이르기까지 헐리며 그 자리에는 아무도 집을 지을 수 없습니다. 그들의 재산과 노예는 국가 재산으로 몰수되든가 다른 사람에게 넘어갑니다. 국왕이 어떤 결정을 내렸을 때 복종하지 않은 사람 역시 사형됩니다.

저희들이 그곳에 있는 동안에도 국왕의 일찍 죽은 형의 부인에게 그 비슷한 일이 있었습니다. 그녀는 바느질을 잘 하기로 유명했는데, 하루는 왕이 그녀에게 속옷을 만들라고 명령했습니다. 그녀는 국왕을 미워하고 있었기 때문에 그 속에다가 몇 가지 부적을 집어넣었습니다. 그러니 국왕의 속옷이 편안할 수는 없었습니다. 그래서 왕이 속옷을 조사해 보니까 그 속에서 부적이 나왔습니다. 국왕은 그 부인을 방에 가두었습니다. 그 방의 방바닥은 구리로 되어 있었는데, 그 밑에서 불을 때어 죽였습니다.[26] 그녀의 친척 중 한 사람은 신분이 높은 집안의 귀족으로 당시 관찰사의 직위에 있어 왕국에서도 상당히 존경받았는데, 그가 국왕에게 편지를 써

---

26 소현세자(昭顯世子)의 빈(嬪) 강씨(姜氏)가 인조(仁祖)를 독살하려 했다는 혐의를 받아 유폐되어 죽은 사건을 말한 듯함.

서, 여자, 특히 그녀처럼 신분이 높은 부인에게는 다른 형벌도 줄 수 있었고, 또 여자는 남자보다 가볍게 처벌되어야 했다고 말했습니다. 국왕은 그것을 읽자 그를 소환해서 종아리를 1백 20대나 때린 뒤 목을 자르고 그의 재산과 노예를 모두 몰수했습니다.

다음 죄의 경우에는 그의 일족은 연좌 처벌받지 않습니다. 남편을 죽인 아내는 한길가에 머리만 내놓은 채로 땅에 묻습니다. 그리고 그 옆에는 나무 톱이 놓입니다. 여기를 지나는 사람들은 귀족을 제외하고는 그 나무 톱으로 그녀의 목을 켜야 합니다. 그리고 그 사건이 일어난 도읍은 수년간 마을의 권리를 잃고 다른 마을의 총독이나 하급 귀족의 통치를 받아야 합니다. 이러한 처벌은 일반 백성들이 관에 호소하고 그것이 국왕에 의해 청허(聽許)되었을 경우에만 해제됩니다. 남편이 아내를 죽였을 때는 그 이유가 간통이건 아니건 그럴만한 이유가 증명될 경우에는 처벌되지 않습니다. 그 여자가 노예였을 경우에는 그는 주인에게 그녀의 몸값의 3배에 해당되는 값을 물면 됩니다. 노예가 주인을 죽였을 경우에는 심한 고문을 받다가 처형됩니다. 이에 반해서 귀족은 사소한 구실을 가지고서도 노예를 죽일 수가 있습니다. 살인자는 발바닥을 여러 번 맞은 뒤에 그가 저지른 살인 방법과 같은 방법으로 처벌됩니다. 과실치사범은 다음과 같은 방법으로 처벌됩니다. 그들은 시큼하고 탁하고 콕하게 코를 쏘는 물, 즉 시신(屍身)을 씻는 데 쓰는 물을 깔때기로 죄인의 입에 대고 먹일 만큼 먹입니다. 그리고 배를 때립니다. 이 나라에는 절도범이 상당히 많습니다. 그 형벌은 발바닥을 때려서 서서히 죽게 하는 것입니다. 유부녀와 간통하거나 딴 살림을 차렸을 경우에는 두 사람을 욕보이기 위하여 발가벗기고, 때로는 얇은 속옷만 입히고, 얼굴에다 석회를 칠하고, 두 사람의 귀는 활로 연결시키고 작은 징을 등에 붙들어 매고 그것을 치면서 그들이 간통했노라고 온 마을을 소리 지르면서 다니게 한 다음, 볼기를 5, 60대 때립니다.

이 나라에서 남성은 여자를 아주 좋아하는데, 그러면서도 얼마나 시기심이 많은지 제 아무리 가까운 친구라 하더라도 자기 마누라나 딸은 보여 주지 않습니다. 간통죄는 이 나라에서도 또 그 이웃 나라에서도 사형에 처해집니다. 특히 귀족이나 관리들 사이에서는 죄를 저지른 사람은 그의 아버지가, 또 그의 아버지가 없으면 가장 가까운 친척의 누군가가 처벌됩니다. 그러나 이렇게 죽는 사람은 자기가 마음대로 그 죽는 방법을 택할 수가 있습니다. 남자들은 보통 걸어가는 것을 별안간 칼로 찍어 죽이는 방법을 택하고, 여자들은 목을 찔러 죽는다든가 하는 방법을 택합니다.

국가에 납세를 하지 않는 사람은 매달 두세 번 종아리를 때리는데 이것은 그들이 세금을 내든가 아니면 죽을 때까지 계속됩니다. 그들이 죽으면 친척이 대신 내야 됩니다. 따라서 국왕이나 국가가 세금을 못 받는 법은 없습니다. 보통의 죄에 대해서는 아랫도리를 벗기고 볼기를 때리든가 종아리를 때리거나 하는데 그들은 그것을 창피하게 생각하지는 않습니다. 그 이유는 대수롭지도 않은 일 가지고서도 매를 맞기 때문입니다. 일반 총독들은 그들의 태수 〔觀察使〕의 허가가 없으면 사람을 사형시킬 수 없고, 정치범에 대해서는 왕에게 보고한 다음이 아니면 처벌할 수 없습니다. 종아리를 때릴 때는 다음과 같이 합니다. 우선 작은 의자에 앉히고 두 다리를 같이 묶는데, 손바닥 폭만한 띠로 발목 있는 데와 무릎 있는 데를 같이 묶습니다. 그 띠 사이를 때리는데 그 몽둥이는 참나무나 물푸레나무로 만들었고, 그 길이는 팔의 길이만하고 그 굵기는 손가락 두 개 굵기만큼 됩니다. 그러나 한 번에 30대 이상은 때리지 않습니다. 그리고 판결 여하에 따라 나머지 매는 서너 시간 뒤에 다시 때립니다. 처음부터 죽이려고 하는 경우에는 길이가 서너 자되는 팔뚝만한 굵은 몽둥이로 무릎 있는 데를 때립니다. 발바닥을 때릴 때는 다음과 같이 합니다. 땅에 앉힌 다음에 두 발의 엄지발가락을 같이 묶고 다리를 넓적다리에 끼운 나무로 들어 올립니다. 그리고 길이가 서너 자나 되고 팔만큼 굵은 나무로 판사가 그만두라고 할 때까지 때립니다. 그들은 이런 식으로 죄인을 벌하는 것입니다. 볼기를 때릴 때는 다음과 같이 합니다. 즉 그들은 아랫도리를 벗기고 땅에 엎드리게 하든가 틀에 묶습니다. 여자의 경우는 부끄럽지 않도록 속옷을 입히고 때리기 좋도록 그 옷을 물로 적십니다. 그리고 길이가 서너너덧 자 되고 한쪽은 둥글고 또 한쪽은 손바닥만큼 넓고 손가락만큼 두꺼운 나무로 때립니다. 이렇게 해서 한 번에 1백 대 정도 때리면 기절해서 반은 죽은 것처럼 됩니다. 또 두 손가락을 합한 것만 한 굵기의 버드나무 가지로 종아리를 때리는 수도 있습니다. 작은 틀 위에 남자와 여자를 세워 놓고 길이가 두서너 자 되는 버드나무 가지로 때리면 그 옆에서 차례를 기다리던 죄인들이 매 맞는 본인보다 더 겁을 집어먹고 소리를 지르는 수도 있습니다. 아이들은 종아리를 가는 버드나무 가지로 때립니다. 그 밖에 여러 가지 처벌 방법이 있습니다만 길어지기 때문에 이 정도로만 하겠습니다.

종교·사찰·승려 및 종파에 대하여

일반 사람들은 그들의 우상 앞에서 일종의 미신을 지킵니다. 그러나 그들은 우상보다 그들의 윗사람에 대해서 보다 많은 경의를 표합니다. 고관이나 귀족들만은 우상을 지키는 일이 절대로 없습니다. 그들은 자기들이 우상보다는 훌륭하다고 생각하고 있기 때문입니다. 또 사람이 죽게 되면 그 죽은 사람이 고관이건 일반 서민이건 승려에 의한 기도와 장례식을 치러 줍니다. 그때에는 친척이나 친구들이 참례합니다. 귀족이나 학덕이 있는 중이 죽었을 때는 몇백 리 밖에서 친척이나 친구들이 찾아와서 장례식에 참가해서는 죽은 사람에게 경의를 표하거나 추모합니다.

축제일에는 일반 서민이나 농민들이 우상 앞에 찾아와서 절을 하는데 그 우상 앞에 있는 단지에다가 향을 피웁니다. 그것은 불을 공양물로 바친다는 상징입니다. 그리고 나서 한 번 더 절을 하고는 물러납니다. 그저 이것뿐입니다. 그들은 우상숭배를 충실히 한 사람은 나중에 복을 받고, 그렇지 못한 사람은 벌을 받는다고 믿고 있습니다. 설교를 듣는다든가 가르침을 받는다든가 하는 일은 전혀 없지만 그들끼리는 종교에 대해서 말을 주고받습니다. 그러나 논쟁하는 법은 절대로 없습니다. 그 이유는, 전국을 통해서 그들은 오로지 하나의 종교밖에 믿지 않으며 우상에 대해서도 예배하는 방법이 하나밖에 없기 때문입니다.

승려들은 하루에 두 번 우상 앞에 공양물을 바치고 기도합니다. 축제일에는 수도원의 모든 사람들이 징이나 북 기타 악기를 두드립니다. 수도원과 사찰은 상당히 여러 군데에 있는데 모두 경치가 좋은 산 속에 있으며 각각 그 해당되는 도시의 지배를 받습니다. 이곳의 수도원 가운데에는 중이 5, 6백 명 되는 곳도 있으며, 또 도시에는 중이 3, 4천 명 되는 곳도 있습니다. 그들은 10명, 20명 혹은 30명씩 같이 한집에 살고 있습니다. 그리고 각 집에서는 최연장자가 통솔해 나갑니다. 어떤 승려가 과실을 범했을 때는 볼기를 2, 30대 맞습니다. 큰 과실이라면 그 마을의 총독에게 인계되기도 합니다. 승려들은 궁핍한 생활을 하지는 않습니다. 학문을 잘 하기만 하면 누구나 희망하는 대로 승려가 될 수 있고 그만두고 싶으면 언제든지 그만둘 수 있습니다. 그러나 사람들은 거의 승려가 되고 싶어 하지 않습니다. 그들은 국가에 많은 공물을 바쳐야 하며 국가를 위해 노동도 많이 해야 하기 때문에 국가의 노예 정도로밖에 생각되지 않습니다. 하지만 상급의 승려는 학식이 있기 때문에 아주 존경받으며 이 나라의 유식 계급 중의 하나로 대접받고 있습니다. 그들은 국왕의 승려라 불리며 나라의 인장을 관장하며, 그들이 수도원을 순시할 때는 일반 총독처럼 재결을 내릴 수도 있습니다. 그들은 또 말을 타는 것도 허락받고 있습니다. 그들 승려는 동물 혹은 동물의 고기로써 가공한 음식을 먹을 수가 없습니다. 그들은 또 머리카락과 수염을 전부 깎아야 합니다. 그들은 여자와 관계를 맺을 수도 없습니다. 이 금령을 범한 사람은 벌로서 볼기를 7, 80대 맞고 수도원에서 쫓겨납니다. 그들이 머리카락을 깎게 되면 곧 한쪽 팔에 먹물을 들입니다. 그렇기 때문에 그들이 승려였다는 것은 바로 알게 됩니다. 보통 승려들은 그들의 생활비를 노동이나 상업 혹은 구걸로써 얻지 않으면 안 됩니다. 또 승려들은 소년들을 모아 놓고 글 읽기와 글쓰기를 열심히 가르쳐 줍니다. 아이들은 머리를 깎으면 그들의 종자가 됩니다. 종자들이 얻어 온 물건은 모두 그의 주인의 소유가 됩니다. 이런 일은 주인이 그들에게 자유를 줄 때까지 계속됩니다. 또한 그들 종자는 주인이 죽으면 상속자가 되어 상(喪)을 입어야 합니다. 이런 일은 주인이 친아버지처럼 자기를 키워 준 데 대한 감사의 마음으로 자발적으로 해야 합니다.

또 우상에 대한 의식과 식사 방법에 관해서 그들 승려와 대단히 비슷한 행동을 하는 사람들이 있습니다. 그들은 머리도 깎지 않고 결혼도 할 수 있습니다.

수도원이나 사찰은 고관이나 일반 신자들이 지어 줍니다. 또 신자들은 그 재산 정도에 따라 기부를 합니다. 승려들은 국사(國師)로부터 식량과 얼마간의 급여를 받고 일합니다.

귀족들은 창부나 다른 동료들을 데리고 절로 놀러 옵니다. 그 까닭은 절이라는 것이 산이나 숲 속에 있어 경치가 좋고 그 건물도 이 나라에서는 가장 좋은 건물 중의 하나로 꼽히기 때문입니다. 그러니까 그곳은 사찰이라기보다는 매춘굴이나 요정입니다. 따라서 보통의 사찰에서는 중들도 곤드레만드레 술을 마십니다. 저희들이 서울에 있을 때는 여자 수도원이 두 군데 있었는데, 하나는 귀족들의 부인용이고, 또 하나는 일반 부인용이었습니다. 여승들은 머리를 깎고 남자 중들이 하듯이 우상을 섬깁니다. 그들 여자 수도원은 국왕과 고관들의 묵인하에 유지되어 왔습니다만, 4, 5년 전에 지금의 국왕에 의해 폐쇄되었으며 여승들은 결혼해도 좋다는 허가를 받았습니다.

가옥과 가구에 대하여

고관들의 집은 아주 훌륭하지만 사람들의 집은 보잘 것 없습니다. 그들은 자기 마음대로 집을 지을 수 없으며 총독의 허가 없이는 기와도 올리지 못합니다. 따라서 대부분의 집은 나무껍질이나 볏짚 따위로 지붕을 잇습니다. 집들은 대단히 밀집되어 있습니다만 흙 담이나 나무울타리로 서로 칸을 막습니다. 집은 나무 기둥을 씁니다. 벽의 아랫부분은 돌로 쌓아 올리고 윗부분은 가는 나무를 엮은 위에 안팎으로 흙을 칠한 다음 안쪽에는 그 위에 백지를 바릅니다. 방바닥은 바닥 전부가 일종의 난로로 되어 있어, 겨울이 되면 거기에다 불을 때고 방을 따뜻하게 합니다. 따라서 그것은 방이라기보다는 온실이라 하는 것이 더 적당할 것입니다. 가옥은 단층이지만 작은 다락방이 있어 그들은 그 속에다 자질구레한 물건들을 집어넣습니다.

귀족들은 자기들이 사는 집 앞에 따로 집채를 세워서는 친척이나 친구들을 접대하고 재워 줍니다. 그들은 거기서 놀이도 하고 일도 합니다. 집의 대지는 대체로 넓은 편이며 정원에는 연못과 마당들이 있고, 꽃과 진기한 나무나 정원석으로 가꾸어 놓습니다. 부인들은 누구도 가까이 가지 못하는 집의 안쪽에 삽니다. 장사꾼이나 보통 백성들은 흔히 그들의 집에 마루를 두어 거기에서 일을 합니다. 지위가 높은 사람을 대접하는 데는 흔히 술과 담배로 합니다. 부인들은 자유롭게 나들이하고 남과 이야기도 하며 음식을 얻어먹을 수도 있지만 항상 남편 외에 다른 남자들과는 가까이할 수도 없습니다. 가구는 별로 많지 않습니다.

이 고장에는 술집이라든가 놀이하는 집이 많습니다. 그들은 거기에 가서 매춘부들이 춤추고 노래하고 악기를 타는 것을 즐깁니다. 여름이 되면 그들은 푸른 산이나 숲으로 가서 한여름을 지냅니다.

여행자를 위한 숙박 시설, 즉 여관은 그다지 없습니다. 여행자들은 길을 가다가 날이 저물면 담을 쌓아 올린 집에 들러서 그 집에 귀족이 없으면 잠을 청할 수 있고 밥은 자기가 먹을 만큼의 쌀을 내놓습니다. 집주인은 즉시 이것으로 밥을 지어 반찬과 같이 대접해야 합니다. 마을에서 흔히 이런 것을 교대로 하는데 누구도 이를 기피할 수는 없습니다. 서울로 통하는 큰길에는 여관이나 휴게소가 있는데 여기는 고관과 일반 사람들이 모두 이용할 수 있습니다. 귀족이나 나라의 명을 받아 여행하는 사람들에게는 그 고장의 장(長)이 되는 사람이 순번으로 음식과 잠자리를 제공합니다.

결혼에 대하여

그들은 사촌 이내의 사람들과는 연애도 결혼도 할 수 없습니다. 또 그들은 여덟 살이나 열 살 혹은 열두 살이 되면 부모들 손에 의해서 장가가거나 시집갑니다. 신랑이 신부의 집에 가기 위해서는 우선 친척 몇 사람의 손에 끌려 시내를 일주해야 됩니다. 신부가 신랑의 집에 갈 때는 부모나 친구들이 따라갑니다. 거기서 결혼식을 올리게 되는데 의식은 간단합니다. 남자는 아이를 몇 명 낳은 다음이라도 아내를 내보내고 다른 여자와 결혼할 수 있습니다. 그러나 이와 반대로 여자는 법에 의해 이혼된 경우가 아니면 다른 남자와 결혼할 수 없습니다. 남자는 먹여 살릴 수 있는 한 아내를 몇 사람이라도 얻을 수 있고 또 창녀의 집에도 갈 수 있습니다. 그렇다고 해서 그것이 흠이 되지는 않습니다. 그들은 정식 부인 한 사람만은 집 안채에 살게 하고 집안 살림을 돌보게 하는데 다른 아내들은 따로따로 집을 정해줍니다. 귀족이나 고관들은 보통 두세 사람의 아내를 한집에 데리고 삽니다. 이때도 한 사람만이 주부로서 집안 살림을 꾸려 나갑니다. 이 나라에서는 여자를 여자 노예처럼 다루며 아무것도 아닌 일을 가지고서도 아내를 내보낼 수가 있습니다. 남편은 아이들을 맡으려 하지 않기 때문에 아이들은 여자가 데리고 나갑니다. 따라서 이 나라에는 인구가 많습니다.

교육에 대하여

귀족들이나 일반 평민들은 그들의 아이들을 매우 귀하게 키우며, 선생의 감독 밑에서 글을 읽고 쓰기를 가르쳐 줍니다. 그들은 여기에 대단한 관심을 가지고 있습니다. 선생들은 아이들에게 언제나 선인(先人)들의 학식을 가르쳐 주고, 학식이 높기 때문에 출세한 사람들을 본받으라고 합니다. 아이들은 밤낮을 가리지 않고 열심히 공부합니다. 이런 어린아이들이 자기가 배운 책을 훌륭하게 해설하는 것을 보면 정말 놀랄 만합니다. 각 마을에는 서원(書院)이라는 집이 한 채씩 있어 거기서는 고관이었던 사람이나 정부의 옳지 못한 처사로 사형된 사람들을 위해 제사 지내는데, 귀족들은 그곳에 아이들을 보내 공부시킵니다. 그리고 그 서원의 경비도 부담합니다.

매년 각 지방의 두셋 되는 도시에서는 (학생들의) 모임이 있어, 지방 장관은 여기에 사람을 보내어 그들의 학문과 무술에 대해서 시험을 해 봅니다. 지방 장관은 그들의 실력이 어떤 일을 하는 데 쓸 만하다고 인정되면 그들의 이름을 국왕에게 보고합니다. 나라에서는 매년 전국에서 모인 학생들에게 시험을 치르게 합니다. 이 시험에는 과거에 관직에 있었던 사람이나 현재 관직에 있는 사람 및 지방의 시험에 합격한 사람들이 모입니다. 그것은 승진의 기회를 얻거나 어떤 지위에 오르기 위한 자격을 얻으려 하기 때문입니다. 승진의 증서는 국왕이 수여합니다. 이 자격을 따기 위해서 젊은 귀족들은 필요한 경비를 부담하고, 선물을 보내고, 잔치를 베풀고 하기 때문에 재산을 날려 버려 나이가 많아지면 거지 신세가 되는 수도 있습니다. 그래서 부모들은 아이들을 위해 재산을 나누어 주는데, 그들에게는 자기 아이들이 자격을 땄다는 소문만 나도 기쁜 일이 됩니다.

부모들은 아이들을 소중히 하는데 아이들도 부모를 공경합니다. 그 이유는 부모가 죄를 지어 도망갔을 때는 아이들이 그 죗값을 받아야 하며, 아이들이 잘못했을 때는 부모가 그 죗값을 받아야 하기 때문입니다. 노예나 그와 비슷한 사람들은 거의 아이들을 돌보지 않습니다. 아이들이 커서 일을 할 만하면 그들의 주인이 그들을 데리고 가기 때문입니다.

아이들은 아버지가 죽었을 때는 3년, 어머니가 죽었을 때는 2년 동안 상복을 입어야 합니다. 그 기간 동안 그들은 승려처럼 육식을 금해야 되며 관직에 오를 수도 없습니다. 대소의 관직에 있는 사람들은 부모가 죽게 되면 즉시 사직해야만 됩니다. 그들은 여자를 가까이할 수 없기 때문에 이 기간 중에 아이를 낳으면, 그 아이는 사생아로 취급됩니다. 또 남과 토론하거나 싸움을 하거나 술을 마시는 것도 금물입니다. 그들은 베옷을 입고 어른의 팔뚝만큼 굵은 베로 만든 허리띠를 찹니다. 또 베로 만든 가는 끈이 달린 두건을 쓰고 굵은 나무나 참대의 지팡이를 듭니다. 어느 지팡이를 들었느냐에 따라 부모의 어느 쪽이 죽었는가를 알 수 있습니다. 즉 참대는 아버지, 굵은 나무는 어머니 쪽을 표시합니다. 그들은 절대로 몸을 씻지 못하기 때문에 사람이라기보다는 허수아비처럼 됩니다. 이 고장에서는 사람이 죽으면 친척들이 미친 사람들처럼 거리를 뛰어다니며 머리를 잡아 뜯고 큰 소리로 웁니다. 그들은 죽은 사람을 정중하게 매장합니다. 즉 풍수사들의 말에 따라 물이 들지 않는 곳에 이중으로 된 관에 넣어 매장합니다. 안쪽의 관에는 새로 만든 옷이나 그 밖의 물건들을 되도록 많이 넣습니다. 그들은 흔히 봄이나 가을에 매장합니다. 그 이유는 여름은 벼가 자라는 시기이기 때문입니다. 따라서 여름에 죽은 사람은 긴 나무 위에 짚으로 만든 막 속에 안치되었다가 그들이 매장하려고 할 때에 집으로 모시고 와서 관에 넣습니다. 옷이랑 물건들도 먼저 말씀드린 것처럼 관에 넣어 줍니다. 그들은 아침 해가 뜨자마자 관을 운구합니다. 사람들은 그 전날 밤 유쾌하게 떠들어 댑니다. 관을 나르는 사람들은 춤추고 깡충깡충 뛰기도 합니다. 친척들은 큰 소리로 울며 그 뒤를 따릅니다. 친척이나 친구들은 장례를 지낸 지 3일 만에 다시 무덤 앞에 가서 제사 지내고 하루 종일 명랑하게 떠들어 댑니다. 무덤은 보통 대여섯 자 높이로 흙을 쌓아 올리고 정성껏 다듬어줍니다. 고관들의 무덤에는 많은 비석과 석상이 세워지는데, 비석에는 죽은 사람의 이름, 집안의 내력, 그리고 경력이 새겨집니다. 그들은 달을 보고 역서를 만드는데, 3년마다 1년을 열석 달로 계산합니다. 그 여덟 번째의 달인 팔월 보름날에 사람들은 무덤을 가꾸고 햅쌀로 제사 지냅니다. 이날은 그들에게 있어서는 정월 명절 다음가는 큰 명절입니다. 이 나라에는 점쟁이, 다시 말하면 마술을 부리는 무당이라는 사람이 있는데 이들은 서양의 마술사들처럼 사람을 괴롭히는 자들이 아니라, 죽은 사람이 편안히 저승에 갔는지 아닌지, 좋은 자리에 묻었는지 아닌지를 점치며, 그 점에 따라 사람들에게 이렇게 저렇게 하라고 지시합니다. 그 점은 좋게 나올 때까지 두 번이고 세 번이고 되풀이합니다.

부모를 정중히 장례 지내고, 해야 할 것을 다 마친 다음에는 장남이 집을 소유하고 그에 딸린 모든 것을 소유합니다. 땅이나 그밖의 물건들은 아들 사이에 분배됩니다. 아들이 있는데 딸들이 유산을 분배했다는 말은 아직 들어 보지 못했습니다. 또 여자들이 시집갈 때는 옷이나 그 밖의 일용품만 가지고 갑니다. 부모는 80세가 되면, 아들들에게 재산을 양보해야 합니다. 그들은 이 나이가 되면 재산을 관리하기가 부적당하다고 생각되기 때문입니다. 그러나 사람들은 그들을 매우 존경합니다.

앞에서도 말씀드린 바와 같이 남은 재산을 상속하기는 하지만 부모를 위해 자기 땅 안에 따로 집을 지어 줍니다. 부모는 그 집에 살며 자식들의 부양을 받습니다.

국민들의 성실성과 용기에 대하여

그들은 물건을 훔치고, 거짓말을 하고, 속이는 경향이 강합니다. 그들은 그다지 믿을 만한 사람이 못 됩니다. 남에게 해를 입히는 것은 잘 했다고 생각될지언정 부끄러운 일로 취급되지는 않습니다. 그래서 어떤 상거래를 하다가 속았다 하는 경우에는 그 거래를 취소하는 관습도 있습니다. 말이나 소의 경우는 3, 4개월이 지나면 시효가 끝납니다. 토지나 부동산의 경우는 인도되기 전이라면 계약을 취소할 수 있습니다.

그들은 친절하고 신앙심이 두터운 사람들입니다. 저희들은 그들에게 우리가 무엇을 원하고 있는지를 완전히 알게 할 수 있었습니다. 사람들, 특히 승려들은 외국인에 대해서 호감을 가지고 있습니다. 그들은 여자같이 마음이 부드럽습니다. 신앙심 깊은 이들 중에는 옛날에 일본 사람들이 와서 그들의 왕을 죽이고 마을을 불태우고 때려 부수고 할 때…… 이런 식으로 저희들에게 이야기를 해 줍니다. 네덜란드인 얀 얀세 벨테브레는 타타르인들이 얼음을 건너 이 나라를 점령했을 때 많은 사람들이 산으로 피난을 가서 목매어 죽었다고 말해 주었습니다. 그들은 적의 손에 죽는 것보다는 이 길을 택했던 것입니다. 또 네덜란드, 영국 혹은 포르투갈의 배들이 일본을 향해 가다가 조선의 근해에서 표류하는 수가 많은데 그들은 전쟁용의 정크로 이들을 잡으려고 합니다. 그러나 언제나 옷만 더럽힐 뿐 목적은 이루지 못합니다.

그들은 피를 보기 싫어합니다. 누군가가 길거리에서 쓰러지면 그들은 멀리 도망갑니다.

그들은 환자, 특히 전염병 환자를 싫어합니다. 환자들은 즉시 자기 집 혹은 마을에서 쫓겨나 교외에 지은 초막으로 보내집니다. 거기에는 그들을 간호하는 사람 외에는 아무도 찾아갈 수가 없고 아무도 그들과 말하려 하지 않습니다. 그 근방을 지나는 사람은 반드시 환자 쪽을 향해서 침을 뱉습니다. 환자를 돌볼 가족이 없는 사람은 보호자 없이 그대로 버려집니다. 환자가 발생한 집이나 마을은 즉시 판자로 울타리가 쳐지고 환자가 있는 집 지붕에는 나무로 표시하는데 이것은 내용을 모르는 사람들에게 알리기 위해서입니다.

외국과의 무역 및 상업에 대하여

이 나라에는 쓰시마(對馬島)의 일본 사람 외에는 무역하러 오는 사람이 없습니다. 그들은 이 나라의 동남부에 있는 부산에 상관(商館)[27]을 가지고 있습니다. 그것은 쓰시마의 영주가 소유하는 것으로 후추, 소목(蘇木), 백반, 쇠뿔, 사슴 가죽, 상어 가죽, 그 밖의 여러 가지 물건을 파는 곳입니다. 그 물건들은 저희들 네덜란드 사람 및 중국 사람들이 일본에 가지고 온 물건입니다. 그들은 그 대신 일본이 요구하는 조선 물품을 가지고 갑니다.

이 나라 사람들은 북경 및 중국의 일부 지역에서도 중국과 약간의 무역을 하지만, 육로를 말을 타고 가야 하기 때문에 상당한 비용이 듭니다. 따라서 이러한 상거래는 대상인들만 합니다. 서울에서 북경을 갔다 오는 데는 아무리 빨라도 3개월은 걸립니다. 이들 상호간의 무역은 그 값에 해당되는 포목으로써 이루어집니다. 고관과 대상인들은 은을 매개로 해서 거래를 하지만 농민이나 가난한 사람들은 쌀이나 그 밖의 곡식을 가지고 거래합니다.

이 나라가 타타르인의 지배를 받기 전까지는 상당히 풍요하고 평화로운 나라였으므로 사람들은 잘 먹고 잘 마시고, 그 밖에 생

---

27 상관(商館) : 상업을 경영하는 집. 특히 주인이 외국인인 경우를 말하는데, 여기서는 당시 부산에 있었던 왜관(倭館)을 가리킴.

각할 수 있는 모든 향락 속에 살았습니다만 지금은 타타르인과 일본 사람들 때문에 국토가 극도로 황폐화되었기 때문에 흉년이 들면 자칫 식량이 모자랄 지경입니다. 그것은 그들이 많은 공물을 타타르인들에게 바쳐야 하기 때문이며, 타타르인은 1년에 세 번 공물을 징수하러 옵니다. 중국에는 12개의 왕국이 있는데, 그들 말에 따르면 중국은 그 지배자이며 그 나머지 나라들은 모두 중국에 공물을 바쳐야 했습니다. 그러나 지금은 각 왕국에 모두 통치자가 있어 공물을 바치지 않는답니다. 타타르인이 중국은 지배했지만 다른 왕국들은 지배하에 둘 수 없었기 때문입니다.

그들은 타타르인을 오랑캐라 부르고 우리나라를 남만국(南蠻國)이라 부릅니다. 이 이름은 일본 사람들이 포르투갈인을 부를 때 쓰는 이름인데, 그들은 네덜란드인이나 네덜란드에 대해서는 아무것도 모르며, 남만국이란 이름도 일본에서 배운 말입니다. 이런 말은 담배라는 말과 같이 그들 사이에 퍼진 말입니다. 그러나 5, 6년 전까지 알려져 있지 않던 말입니다. 그들은 담배 피우는 습관과 담배의 재배법을 일본 사람들로부터 배웠습니다. 그리고 일본인들은 그 담배의 씨를 처음에 남만국에서 가져왔다고 말했기 때문에 지금도 많은 사람들이 담배를 남판코라 부릅니다. 이 나라에서는 담배를 피우는 습관이 굉장해서 너더댓 살 되는 아이들도 담배를 피우며 지금도 남자건 여자건 담배를 피우지 않는 사람은 드뭅니다. 담배가 이 나라에 처음 수입되었을 때 그들은 파이프 하나당 은 1마스[28]에 상당하는 값으로 샀습니다.

그들 사이에 남만국은 가장 좋은 나라 중의 하나로 취급되고 있습니다. 그들의 옛 서적에 의하면 이 세계에는 8만 4천이나 되는 나라가 있다고 하는데, 그들은 이런 말은 한낱 우화에 지나지 않는다 하여 그 숫자 속에서는 섬이나 암초 따위들이 포함되어 있을 것이라고들 생각하고 있습니다. 이유는 태양이 지구를 일주할 적에 그렇게 많은 나라의 위를 지나갈 수는 없을 것이라고 생각하기 때문입니다. 저희들은 몇 개인가의 나라의 이름을 들어 봤지만, 그들은 오히려 저희들을 비웃으며, 그런 것들은 어느 도시나 동네 이름들일 것이라고 반박합니다. 그들은 시암[29]보다 더 먼 나라는 모르기 때문입니다.

이 나라는 필요한 식량은 대강 자급자족해 나갈 수가 있습니다. 쌀이나 그 밖의 곡식, 그리고 무명이나 베 등은 얼마든지 있습니다. 누에도 상당히 많이 있는데 그들은 실을 좋게 뽑을 수가 없기 때문에 좋은 비단은 만들어 내지 못하고 있습니다. 그 밖에 은, 주석, 납, 사슴 가죽, 인삼 등 여러 가지 물건들이 산출됩니다. 또 그들은 이 나라에서 나오는 약을 가지고 자기들을 치료해 나갑니다.

그러나 일반 대중들은 거의 약을 쓰지 못하고 있습니다. 의사는

---

28 마스 : 1마스는 16분의 1냥. 약 2.5그램.

29 시암(Siam) : 타일란드(Thailand)의 옛 이름.

고관들을 위해 있는 것이지 일반 사람들은 돈 때문에 의사를 부르
는 일이 거의 없기 때문입니다. 이 나라 국민은 건강합니다. 그들
에게는 장님 점쟁이나 무당들이 의사 역할을 해 줍니다. 대중들은
그들의 말을 믿고 그가 하라는 대로 합니다. 또 산이나 강, 암초
등에 가서 제사를 올리거나, 우상이 있는 신전, 즉 절에 가서 제사
를 올리고 그들의 지시를 받습니다. 그러나 요즈음은 그다지 실시
되고 있지 않은 것 같습니다. 1662년에 그들 신전들을 전부 때려
부쉈기 때문입니다.[30]

---

30 조선 현종(顯宗) 3년 전라도 지방에서 불상(佛像)을 파괴한 사건을 가리킨 듯함.

도량형에 대하여

전국적으로 통일은 되고 있습니다만, 일반 민간에서나 소매상들 사이에서는 아주 엉터리가 많았습니다. 일반적으로 파는 쪽은 조금이라도 저울질을 덜하고 자를 짧게 재려고 하며, 사는 쪽은 실제보다 더 많이 저울질하고 더 길게 자를 재려고 합니다. 이런 일은 관에서 아무리 엄중히 감시해도 계속 일어나고 있습니다. 그 이유는 사람마다 각자의 저울과 자를 가지고 있기 때문입니다. 또 그들은 동전 이외의 화폐라는 것을 모르고 있습니다. 그나마 그것은 중국과의 국경 지방에서만 사용되고 있습니다. 그들은 은(銀)은 돈으로서가 아니고 무게로 사고팔고 합니다. 그 은은 크고 작은 여러 가지 조각으로 되어 있습니다.

이 나라에는 말, 암소, 황소 같은 가축이 있습니다. 이 나라에서 황소는 거의 거세되는 일이 없습니다. 그들은 농사지을 때 암소나 황소를 사용합니다. 여행자나 상인들이 짐을 나르기 위해서는 말을 씁니다. 호랑이는 그 수가 아주 많은데 호랑이 가죽은 중국이나 일본에 수출됩니다. 그 밖에 곰, 노루, 멧돼지, 개, 여우, 고양이 등등의 많은 동물과 백조, 거위, 오리, 닭, 황새, 백로, 학, 독수리, 매, 소리개, 까마귀, 뻐꾸기, 비둘기, 도요새, 꿩, 종달새, 참새, 지빠귀 등등의 새가 아주 많습니다.

언어·문자·계산법에 대하여

그들의 문자는 아주 독특한 것으로 이것은 배우기가 매우 어렵습니다. 그 이유는 그들은 한 가지 사물을 여러 가지 이름으로 부르기 때문입니다. 그들의 말은 상당히 빠른데 고관이나 학자들은 천천히 말합니다. 문자를 쓰는 데는 세 가지 방법이 있습니다. 첫째는 중국이나 일본의 글자와 같습니다. 그들의 책은 모두 이런 글자로 인쇄되어 있으며 국가나 정부 관계의 모든 문서도 그 문자로 쓰입니다. 둘째는 굉장히 빨리 쓰는 글씨로서 네덜란드의 필기체와 비슷합니다. 이 문자는 고관이나 총독들의 포고나 청원서의 서명에 사용되며, 또 편지 쓸 때에 사용됩니다. 일반 사람들은 그것을 잘 읽을 수도 없습니다. 셋째는 가장 낮은 수준의 문자로 여자나 일반 백성들이 사용합니다. 이것은 배우기 쉬울 뿐 아니라, 모든 사물을 아주 쉽게 또 그 음을 아주 정확하게 쓸 수가 있습니다. 그들은 이런 글씨들을 붓으로 아주 빨리 씁니다. 그들은 옛날 문서나 책들을 많이 보관하고 있는데 이것들은 아주 소중히 다루어집니다. 그래서 국왕의 형제, 즉 왕자들이 전국을 순회하면서 이런 상황을 항상 감시하고 있습니다. 사본이나 목판은 각 도시나 요새지에 보관되어 화재나 그 밖의 재해를 받는 일이 없도록 하고 있습니다. 그들의 달력이나 이에 관계되는 책은 중국에서 만들어지는데, 이것은 그들이 달력을 만들 지식이 없기 때문입니다. 또 그들은 목판을 가지고 인쇄합니다. 종이의 양쪽에 각각 다른 목판을 씁니다. 그리고 그들은 긴 나뭇가지를 가지고 계산합니다. 그들은 상업 부기를 모릅니다. 그들은 무언가 물건을 사게 되면 그 매입 가격을 적어 놓고, 그 다음에 매출 가격을 적습니다. 이렇게 해서 그 두 가격의 차액을 가지고 얼마 남았다 손해 봤다 하는 것을 아는 것입니다.

국왕의 행차에 대하여

국왕이 외출 나갈 때는 모든 귀족들이 그를 수행합니다. 그들은 검은 비단의 긴 옷을 입습니다. 그 옷의 가슴과 등에는 무기나 그 밖의 모양을 수놓은 굵은 띠를 맵니다. 제일 먼저 기병과 보병이 행렬을 선도합니다. 그들의 복장은 참 훌륭합니다. 그들은 기를 많이 세우고 여러 가지 악기를 붑니다. 그 뒤에 국왕의 호위대가 따릅니다. 국왕은 그들에게 둘러싸여 아름답게 금으로 세공한 가마를 타고 나가는 것입니다. 그 행렬은 아주 조용하기 때문에 사람이나 말들의 숨소리조차 들릴 지경입니다. 국왕의 앞에는 그의 비서나 시종 중의 한 사람이 말을 타고 자물쇠로 잠긴 작은 상자를 들고 행진합니다. 그것은 왕에게 어떤 청원을 하려는 사람이, 가령 주인 혹은 그 밖의 사람들로부터 부당한 대접을 받았다든가, 어떤 판사의 판결을 얻지 못했다든가, 부모나 친구 중의 누군가가 부당하게 처벌되었다든가 그 밖에 청원할 것이 있는 사람들을 위한 상자인 것입니다. 그 청원서는 긴 참대 끝에 매어 가지고 길 옆 울타리 뒤에서 내밀게 되는데, 이것을 행진하는 사람 중의 한 사람이 받아 가지고 앞에서 말한 비서나 담당관에게 인계됩니다. 국왕이 궁에 돌아오면 그 상자는 국왕 앞에 제출되어 그들의 청원은 국왕에 의해서 처리됩니다. 이것은 최종적인 판결로서 누구도 이에 반대할 수 없고 즉시 실행됩니다. 국왕이 통과하는 도로의 양쪽은 봉쇄되어 문이나 창문을 열 수 없습니다. 사람들은 울타리 뒤에서 살짝 볼 수 있을 뿐입니다. 국왕이 귀족이나 병사의 옆을 지나갈 때에 그들은 왕에게 등을 돌리고 뒤돌아보거나 기침을 해서도 안 됩니다. 그래서 대부분의 병사들은 마치 말에게 재갈을 물리듯 작은 나뭇가지를 입에 물고 행진합니다.

타타르인의 사절이 오면 국왕은 손수 고관들을 인솔하여 서울 교외에까지 나가 환영하고 그들을 숙소에 안내하는 등 경의를 표해야 합니다. 그들 사절이 도착하고 또 출발할 때의 행렬은 국왕 때보다 더 대규모로 행해집니다. 즉 모든 악기가 연주되고 곡예사들이 그 앞에서 재주를 부리면서 행진합니다. 또 많은 골동품들이 운반되어 갑니다. 그들이 서울에 머물고 있는 동안에 그들의 숙소와 왕궁 사이는 엄하게 경비됩니다. 병사들은 열 칸 정도의 간격으로 두세 명씩 서는데 그들은 단지 타타르인의 숙소에서 오는 편지를 차례차례로 넘겨주어 국왕에게 전하는 일밖에 하지 않는 것 같이 보입니다. 이 편지는 국왕이 그때그때 사절들의 상황을 알기 위해서입니다. 이런 것들은 요컨대 국왕이 그들에게 경의를 표하여 환영하기 위한 수단의 하나로서, 국왕이 종주국의 황제를 존경함을 표시하고, 그 사절들이 자기 나라 황제에게 불평하지 않도록 하기 위해서입니다.

하멜표류기

초판 1쇄 발행   2020년 2월 5일
초판 19쇄 발행   2024년 4월 1일

지은이   헨드릭 하멜
옮긴이   신동운
펴낸이   김상철
발행처   스타북스
등록번호   제300-2006-00104호
주소   서울시 종로구 종로 19 르메이에르종로타운 B동 920호
전화   02) 735-1312
팩스   02) 735-5501
이메일   starbooks22@naver.com
ISBN   979-11-5795-504-6 03900